U0070944

走進蔣經國

陳守雲　著

目次

【下篇】去台四十年的復興路

尾聲：評價　　　　　　　　　　253

後記　　　　　　　　　　　　　263

參考文獻　　　　　　　　　　　265

【上篇】
留蘇12年的坎坷路

如魚得水少年時

　　等到蔣介石十五歲時，母親認為他已經到了結婚年齡，便為他物色了一個比他年長四歲的女子為妻。這位祥豐雜貨店老闆的女兒名叫毛福梅。

　　蔣介石婚後與毛福梅關係並不親密，之後他留學日本眼界大開，與沒見識的毛福梅更有漸行漸遠之勢。蔣的母親王采玉思孫心切，一九〇九年得知蔣介石從日本回到上海度假，便攜兒媳從奉化趕到上海，以「不孝」、「忘本」指責不肯與妻子同房的蔣介石，並說如果再冷落毛福梅，她就投江自盡。蔣介石在母親逼迫之下，總算與妻子共同生活了一個夏天。

　　一九一〇年三月十八日毛福梅生下一個兒子，取乳名豐兒，他就是蔣經國。

　　蔣家這個新組成的家庭，也因夫婦間思想和生活方式上越來越加深的分歧而面臨破裂的前景。蔣經國一歲左右才看見父親。可是這次父親帶回了一個名叫姚冶誠的女士，她是城裏人，裝扮入時，年輕漂亮，那便是他的第二個母親。

　　待到蔣經國稍微長大一點，能夠記事的時候，他從母親慈祥的面孔中看到她的辛苦生活，反從這慈祥中透出的縷縷孤寂。父親偶爾從城裏回來或者托人帶來的洋式玩具給兒子增添了些樂趣，構成了他對父親最早的記憶。

　　蔣經國五歲時，父親又給他領回來一個小弟弟，當時他並不知道這個外來的小弟弟還有日本血統，是父親在東瀛同一位日

本女子所生。這個弟弟名叫蔣緯國。他希望兩個兒子將來都成為「國家級」人才，所以為兒子們起名時就用了意味深長的「經國」和「緯國」二字，這年蔣經國便開始學習了。

父親要求他讀懂「一部四書的意義，又能熟讀一冊左孟莊騷菁華」。至於「德育」的教材，除了這些經書的潛移默化向他灌輸齊家、治國、平天下的奮鬥目標之外，還有父親的諄諄教導，在家要孝敬父母，要以曾文正公對於弟子的訓誡作為行動指南。

蔣經國十一歲那年，家裏發生了重大的事情，慈祥的祖母辭世。

一九二一年三月蔣經國離開了母親，隨父親經寧波到了上海，這裏是一片沸騰的生活圖景。這年三月他考入了上海萬竹小學，進四年級當插班生。這個學校裏的課程，教師的授課方法，周圍人們的生活方式都使他感到新奇，特別是一九一九年五四運動之後出現的朝氣蓬勃的社會風氣，給人們一種向上的力量。

他住在陳果夫的家裏，生活起居得到他的照顧。父親蔣介石在大上海的十里洋場出入酒館青樓，炒股票，結交三教九流。他還經常去張靜江的府邸，有一次在那見到一位陳姓的小姐，乳名叫阿鳳，當時她十五歲，為了把這個少女追求到手，他用盡心計，先是緊逼不捨，後是托張靜江說媒，方才到手。此後蔣介石為她改了名字，叫陳潔如，沒過幾天，蔣介石就帶著她往溪口去拜見祖先之墓，一行人浩浩蕩蕩來到奉化。

本來已經十分痛苦的毛福梅看著「新婚的」丈夫領來了一個和兒子蔣經國年齡差不多的新娘，只有承認眼前的現實。這個被遺棄的母親本能地告訴她也許這樣會好一些，至少可以對「新娘」寄託一定的希望——可以在日後照顧在上海讀書的蔣

經國。

有一天這「姐妹」二人在客廳裏閒談，毛福梅問起蔣經國的情況，陳潔如說：

「我還沒有見到他，但是我們回城裏的時候，我想見他。」

「他十一歲了，像他父親一樣，具有冒險精神，他不願意待在家裏，總想出門，他是一個好孩子」。毛福梅若有所思，帶著母親思念兒子時特有的愛心與焦灼：「他很敏感，只是特別害怕父親。我幫不了他，總擔心他孤零零一個人在外，又離得這麼遠，我就只有這麼一樁心事。」晶瑩的淚珠滴落在她的衣襟上。

「您不必過分擔心他」，是新娘溫和的話語，「我答應您，等我回上海，我一定盡全力在各方面幫助他！您可以完全放心了，好嗎？」

蔣陳二人回到上海的第四天早晨，陳便在旅館首次見到蔣經國。這個孩子由旅館僕人領著進了房間，一見蔣介石就高聲地叫父親，然後規矩地站立在牆角。

「這就是你的新母親，給她行禮！」蔣介石粗聲粗氣地命令孩子。

「姆媽！」蔣經國邊叫邊行了一個四十度的鞠躬禮。這意味著孩子認可了這個比他年長四歲的母親，而陳潔如也在新婚燕爾之際認識了一個比她小四歲的兒子。

「這是給你的紅包。」蔣經國起身接過，很禮貌地說了聲「謝謝」，回到自己的座位上，又是沉默。新母親問：

「你現在住在哪裡？」

「在陳果夫叔叔法租界裏的房子。」蔣經國回答。

「在那裏住得舒適嗎？」

「是的，我住得舒服。」

「不要忘記我剛才說的話，無論有什麼事情需要我幫忙，一定要讓我知道，你會這樣做嗎？我講的是真心話。」

「是的，我會。」

「你衣服、鞋帽都夠用嗎？」

「是的，夠用，謝謝。」

這一席話之後，蔣經國終於擺脫了驚恐，談話也從容多了。新母親又送了一些錢給他買文具。「兒子」便向母親講述了學校生活。

第一次母子相見就這樣結束了。「上海姆媽」給蔣經國留下不壞的印象。不久，陳潔如又見到了蔣介石的第二個兒子——蔣緯國，成了名符其實的兩個孩子的母親。

一九二一年底，蔣介石應孫中山之邀赴廣州，自然是攜美眷同行了，蔣經國便被交由塾師王歐聲和姑丈竺芝珊照顧。

蔣經國到上海那年，正是五四運動之後，中國社會思想各種流派十分活躍的時候。自辛亥革命推翻帝制之後，中國並沒有在共和的體制中建成一個強大的中央政府。相反，軍閥混戰，民不聊生。一九一七年中國的北鄰發生了翻天覆地的變化，俄國布爾什維克黨取得了勝利，建立了無產階級專政的蘇維埃政權。

一九二五年五月，上海一個英國紗廠的資本家開槍殺死了工人顧正紅而激起民眾的義憤，於是上海學生、工人和市民便在法租界舉行了聲勢浩大的遊行。

蔣經國這時也像任何一個有正義感的人一樣，積極投入了

遊行示威並且擔任學校示威活動的組織和領導者。他參加了四次遊行，還當選為本校抵制洋貨杯葛小組的領隊。他的勇敢得到了同學們的讚賞，然而他也為此付出了很高的代價——被校方開除了，學校當局認為他圖謀不軌。

被學校開除後，他卻沒有氣餒，對於政治的熱情也並未因此而稍減。

據父親的安排，一九二三年他來到北京，進了吳稚暉與蔡元培共同創建北京世界語專門學校。

他到北京時，這個古都依然沉浸在春夏季迭次發生的重要政治事件的餘波之中。在這樣的大氣候中，蔣經國又躍躍欲試了，他越出了「吳伯伯」劃定的「雷池」，捲入了學生反對政府的活動，又被關了兩個星期的監禁。一九二五年三月孫中山逝世，他在遺囑中訓示國民黨要聯合世界上以平等待我之民族共同奮鬥。在許多人的心目中，這個以平等待我之民族就是蘇聯。孫中山的俄國顧問鮑羅庭參加了他的葬禮，蘇聯駐中國特命全權代表加拉罕在盛大的葬禮上為孫中山的靈柩執紼，這個現象極令中外輿論界矚目。

就這樣，他又面臨著道路的抉擇問題。北京，顯然已經不是他的久留之地了，他的政治敏感和當時整個激進思想界的影響使他做出了意義深遠的選擇——到黃埔去。

不久到了廣州，他立即覺察到這裏強烈的革命氣氛，那如火如荼的革命景象，人們高昂的政治熱情，帶著狂熱的緊張，頻繁的集會⋯⋯對他來說，在這裏簡直是如魚得水。

他不僅親眼見到從一九二三年就陸續前來的蘇聯顧問鮑羅

庭、加侖、高和羅夫、契列潘諾夫等人忘我工作的情況，而且受到父親對蘇聯顧問的友好態度的感染。

儘管「到黃埔去」已成為部分中國激進青年的心願，能在這塊「淨土」，在這塊洋溢革命氣氛的珠江之畔立足已經是極大的幸運。但是當時還有另外一個更富吸引力的口號：「到莫斯科去」。

蔣經國在廣州得到可以赴蘇的確切消息後，回到溪口去看望母親毛福梅。

從十一歲離開母親至今已有四五年了。兒子已長大成人，又在外面見到大世界，學業上長進許多，此番回來，母親自然喜出望外。對於十五歲的蔣經國來說，馬上又要離開母親免不了淒淒離別情。

「母親，我明天要走了，請您多保重，我會經常給您寫信，把我在那邊的情況詳細地告訴您。」

「好啊，你可要常來信，有什麼事，要什麼東西就來信。記住，有母親的保佑，有觀音菩薩保佑，你一定能逢凶化吉，遇難呈祥。」

母親低著頭，用手邊的帕子揩去晶瑩的淚，繼續為遠行人縫製背心。煤油燈下，燭光影中，「臨行密密縫」，一針一線縫進了母親的愛和淚。她又怎能想到，正是這件棉背心伴他上路，遠行到他此刻如此嚮往的北國，後來居然又像護身符一樣在北國的冰天雪地裏給了他溫暖，伴著他度過了難熬的北極嚴寒。

她又怎麼能想到，這一別竟是十二年。

蔣經國與母親揮淚而別，回到廣州。

一九二四年十一月十日《中國國民黨出師宣言》向全世界描繪了中國各界人民悲慘的境遇。

　　農民「老弱死於溝壑，壯年多被俘虜，男為牛馬，女被姦淫，其或能跳出虎口，幸保餘生，亦不過是皇皇如喪家之狗，不操下賤之業，即做他鄉之鬼而已。」

　　工人「終日勞作所獲，僅能苟延性別，即無餘資，又無保障，平時日日有失工之虞，災患一至，不免淪於流氓之例；此時，欲商無資，欲耕無地，不降為苦力以逐漸消耗其生命，則直成餓莩而已矣。」

　　商人「外被洋商售賣洋貨販運土貨之壓迫，內受大小軍閥土匪苛捐重稅及明搶暗索之剝削，鮮能獲什一之利，而蒙虧本之災難，馴至小本生意，不堪損失，傾家蕩產，比比皆是。」

　　智識界「薪金久欠，徒憂啜而不能傳其智慧；學者每以匪患兵災，斷絕資斧而無以進其學業；加以百業凋敝，雖屬聰明才智之士，難免徬徨失業之憂。小學教員淪為苦力，青年學生，多成餓莩。」

　　軍閥軍隊中的士兵其處境則更加艱難。「多系農人工人為求生計而投軍者，然而投軍之後，不但生計仍無所托，且為野心軍閥，驅而置諸死地；大好熱血，不用靖國難，救人民，乃徒以受軍閥豢養之故，反用以屠殺人民，為軍閥爭功名求富貴，世間慘事，孰過於此耶。」

　　即使那些平素尚屬富裕者的商賈，也因為軍閥政府的腐敗而「銷場不佳，利益全無，工廠停閉，成本呆滯，即或勉強開工營業，而困於苛稅勒捐，無法支持，則不投降於軍閥，即乞憐於洋

商，不但事業已非我有，資本且喪失大半矣。」

這篇充滿豪言壯語的誓詞，和對人民的許諾而做出的正義行動震動了國際輿論，吸引了全世界的注意。

總之，「全國人民，入則有老弱待哺之憂，出則無立業謀乍之地，行則逢擄身喪命之變，居則罹舉家凍餒之禍，災害深於水火，困苦深於倒懸」，這一切痛苦的總原因則是帝國主義者的侵略與中國軍閥的暴虐。中國國民黨肩負著全國人民唯一的厚望，為統一政府的建設，為國民革命的成功，為中國人民的自由解放，「為民請命，為國除奸，成敗利鈍，在所不顧，任何犧牲，在所不惜。」特此立下堅強誓言，率領義師北伐。國民革命軍所到之處，百姓簞食壺漿，中國大地閃現出了希望。

蔣經國在廣州一共住了十天，在第十天他與「上海姆媽」和父親告別了，一包食品，幾件衣服，被子──這就是他的行李。

國民政府為即將出國的人舉行茶會餞行，汪精衛致詞。

為求真理別故鄉

一九二五年十月下旬，蔣經國一行二十餘人登上蘇聯輪船從廣州出發，向符拉迪沃斯托克方向駛去⋯⋯

蔣經國一行被迎接的人帶到阿爾罕格爾斯克大街上的一座並不十分華麗的方形建築裏去，那就是東方勞動者共產主義大學。一九二五年三月孫中山逝世後共產國際決定用孫中山的名字為這所學校命名，他的全稱是《孫中山勞動者共產主義大學》，俄文縮寫為KYTK。

這不是一般的以學習文化為主的學校，而是一種類似黨校的教育機構。中國的許多社會主義青年團員如楊尚昆、柯慶施等就是在一九二一年春天前來這所學校學習的第一批中國學員。學校的課程設置主要是馬列主義，俄共（布）歷史，政治經濟學等，直接為宣傳和進行世界革命作準備的課程。有人把這所學校稱為革命幹部的搖籃。初到的興奮被一夜的睡眠平息下去，第二天便開始了緊張的戰鬥生活。又過了幾天，這批學員便走進課堂了。排了座位之後，蔣經國發現他的同桌長相有點與眾不同，名字也有點新奇——烏蘭夫。下了課一打聽，才知道他是蒙古族。新中國成立後，他還當了國務院副總理呢！

課堂教學採用大課的形式，沒有科系之分，幾百個學員在一起聽課，然後分成小組討論。為了加強學員的組織性和紀律性，學員們還要集體操練。

八點整學員們去飯廳吃早飯，這裏的飯廳也與中國不同：桌

子上的鮮花向人們微笑致意並為他們創造了一個溫馨而富有情趣的就餐環境；牆壁上懸掛著列寧與孫中山的肖像，時時在提醒人們勿忘自己的使命；用中俄文書寫的大標語「中俄聯合萬歲！」「中國革命成功萬歲！」似乎在激勵人們為紅旗插遍全中國之日而努力奮鬥。

中山大學的開學典禮大概在每個學員心中都留下了不能忘懷的深刻印象。

那是一九二五年十一月底的一個晚上，隆重的典禮在工會大廈的圓柱大廳舉行。

金碧輝煌的大廳裏氣氛嚴肅莊重，與會者都非常興奮。

主席臺的上方用中俄文掛著「中蘇人民友誼萬歲！」、「全世界無產者聯合起來！」的大標語。中國國民黨黨旗和蘇聯國旗在富麗堂皇的牆壁上十分惹人注目。孫中山和列寧的肖像分別掛在這兩面國旗之下。

蔣經國和他的同學們一邊欣賞這美麗的大廳，一邊低聲議論著，好奇地端詳著每個窗戶和裝飾。

忽然間，大廳爆發了雷鳴般的掌聲和歡呼聲，廳堂房頂的無數盞支形吊燈像閃電一樣亮了起來，只見一些平日熟悉的人開始陸續出現在主席臺上：拉狄克、托洛茨基、季諾維也夫……

校長拉狄克主持了開學典禮，後來有許多人致詞，與會者都報以禮貌的掌聲。

但是大廳裏的人不知為什麼對托洛茨基表示了特殊的興趣。他登臺時，掌聲雷動，持續數分鐘之久。

蔣經國聽到了著名的紅軍領導人，著名的蘇聯革命家托洛茨

基的講演。他有極好的口才，以其極富感染力的煽惑力的語句，向學生們描述世界革命的大好形勢，告訴人們帝國主義和資本主義即將滅亡，共產主義的勝利已經為期不遠了。革命——進攻——努力奮鬥——不斷地進攻，做舊世界的掘墓人，做新世界的開路先鋒——是他對學生們的期望。

他特別強調鞏固中蘇團結的重要性。他說：「從現在起，任何一個俄國人，不論他是一個同志或是一位公民，他如果用輕蔑的態度來對待中國學生，見面時把雙肩一聳，那他就不配當俄國共產黨人或者蘇維埃公民」。

蔣經國和其他許多人一樣，對托洛茨基滔滔不絕的演說十分佩服，為他的熱情而受到強烈感染。

一九二五年十二月底他加入了蘇聯共產主義青年團。後來又加入了中山大學裏的託派組織，跟隨他的中國學員也越來越多，並且把他視為託派的小頭頭。

而托洛茨基呢？他在報告中就不止一次地說過，蘇聯對華政策中確實存在一些令中國政府不滿的因素，這就是大國沙文主義的餘毒。除了中國共產黨的刊物之外，中國朝野輿論的批評無疑是對的。托洛茨基說：蘇聯的政策使蘇維埃政權名譽掃地並且使人想起帝國主義的驕橫。他甚至說過，蘇聯應該設法改變自己的國際形象，特別注意在外交活動中克服大國沙文主義的東西，並且時時注意，真正做到尊重中國的主權和領土完整，必要時，要毫不客氣地懲罰那些由於執行政策不利給有關國家造成一種蘇聯外交與沙皇外交沒有區別的印象的人。在一些具體問題上，托洛茨基好像也比較公正，例如中東鐵路問題，托洛茨基非常明確地

在共產國際一個委員會的會議上說：「要採取各種各樣的政府和文化性質的措施促成中東鐵路儘快地回到中國人的手中。」

「無論在什麼情況下，一個國家與另一個國家的關係中如果有傷害對方民族感情的東西存在，那麼這兩個國家的關係是絕對不可能融洽的。」托洛茨基這些理論之所以得到某些人的同情，就是因為它很巧妙地迎合了中國學員的民族感情，從而得到他們私下支持。

這就是蔣經國從他的恩師那裏得到的真傳。在中山大學雖然有不少人崇拜托洛茨基和他的理論，可是人們都知道史達林的歷史，對於政治鬥爭的殘酷也有所耳聞，所以一般都不敢輕易把自己的觀點表露出來，也不敢讓別人知道他們的觀點。

可是托洛茨基又有什麼不對之處呢？他不是很革命嗎？史達林這樣嵌制他，未免太不公平了。此時此刻置身莫斯科，蔣經國又像在上海那樣，要躍躍欲試了。

他先在校刊上發表了一篇文章《我從沒有如此說過》，為那些同情托洛茨基而受到壓抑的同學鳴不平。

有一天，國民黨駐莫斯科的代表邵力子到學員宿舍來看望，和大家一一握手之後，便把跟在背後的一個十五六歲的小男孩介紹給他們。這孩子身穿皮夾克，頭戴鴨舌帽，只有一米五左右的身高，但是長得敦實，性格活潑，走起路來連蹦加跳，好像還完全是個孩子。他逕直朝徐君虎走過去，把手伸過去說：「咱們認識認識吧，我叫蔣經國。」

原來這就是蔣介石在汕頭時託付徐君虎代為照顧的那位蔣大公子，在場的人都笑了，徐君虎一邊同蔣經國握手一邊說：「他

就是蔣經國，他就是蔣介石的崽。看這個打扮倒像個小工人。叫『小工人』吧」。大家七嘴八舌地說，從此蔣經國得了一個外號，並且同徐君虎成了好朋友，他們在同一個班，同一個團小組，直到蔣經國回國後在贛南工作時，他們都一直保持密切的工作關係。

他們都是中山大學的第一、二批學員，這是一支浩浩蕩蕩的大軍，共有六七百人之多，蔣經國一九二五年加入共青團後，就開始過團的組織生活，這個團小組的組長姓鄧，叫鄧希賢，當時鄧是從法國轉來的。

蔣經國和鄧希賢（鄧小平）他們兩人身高差不多，每逢操練、聽報告或有其他活動需要排隊時，二人總是站在最前面的第一排。

他年紀比蔣經國大一些，當時已經二十多歲，蔣經國很喜歡他的爽朗、活潑，佩服他的組織才能，每當他在團小會上發言時，蔣經國總是目不轉睛地盯著他看，十分專心地聽他操著濃重的四川口音非常有條理地論述某個問題，這位四川人的口才令人交口稱讚。

有一次，他們沿著莫斯科河散步，蔣經國見鄧小平、左權等從巴黎來的幾個人都圍著一條一模一樣的很長的藍色圍巾，便悄悄地把徐君虎叫過來，對他說：

「請您問問他們，為什麼總是戴著這麼一條大圍巾。」

「你自己為什麼不問，不會說話嗎？」

「不是，我不好意思。」蔣經國喃喃地回答。

「嘿，你也知道不好意思？來，我教給你……」說著便朝鄧希賢大聲說：「希賢，咱們的『小工人兒』有問題請教你

呢。」

蔣經國遂輕輕地拉著他的圍巾說：「你們為什麼總愛戴這條藍色大圍巾？在莫斯科這裏很少有人戴這種大圍脖。」

「這可是我們的驕傲。這是一個時期的記錄，你知道法國嗎，『小工人』兒？」

「巴黎公社，法國大革命……怎麼能不知道？」是蔣經國很自信地回答。

「對，對，對。」鄧希賢操著濃重的四川口音繪聲繪色地講了起來。「那是一九二〇年，我和一些同志到法國去勤工儉學，在那裏學習法國革命經驗，上法國的學校，我們是窮學生，沒有錢，就想辦法賺一點錢維持生活，有的人開豆腐房；有的當勤雜工；我當的是清潔工；這個職業法國人不願意幹，嫌髒，可是工資高，特別是撿馬糞，幹一天就能賺到一個星期的花銷，法國撿馬糞的工人都圍著這樣一條大圍巾。我們也學他們，弄一條大圍巾戴上，表示我們的身份——我們是『普羅』，可不是『小布爾喬亞』」。

一九二六年七月十九日中山大學開始放暑假了。根據校方的安排，中國學生在次日就到莫斯科郊區的療養地塔拉索夫斯基去度假。

當蔣經國等中國學生來到這座風景秀麗的「製造健康」的工廠時，療養院大門口巨幅標語：「歡迎我們的朋友——中國革命青年！」立即把他帶入友誼的海洋。在標語前面，休養員們列隊向他們致意，一張張笑臉表達了勞動者樸實的感情和對戰鬥中的中國人民真摯的同情與支持。

蔣經國在中山大學的輕鬆時日並沒有持續多久。當時只有十五六歲的他還不懂得政治鬥爭，更沒有料到他自己會被中蘇國家關係、共產國際與中國共產黨和國民黨的關係、中國國民黨與中國共產黨的關係交織而成的複雜組織裏捲進去。

初到莫斯科時的蔣經國無憂無慮，但是政治鬥爭的漩渦很快把他捲了進去。首次讓他嘗到世態炎涼的就是一九二六年的三月二十日蔣介石發動「中山艦事件」。逮捕中共黨員艦長李之龍，扣壓艦艇船隻，包圍省港罷工委員會駐地和蘇聯顧問辦事處，逮捕黃埔軍校第一軍中共黨員四十餘名。

各派政治力量間的分野突然明朗化，它不僅在中國國內，而且在中山大學的校園裏引起了軒然大波。

此刻，遵循思想一致步調才能一致的共產國際東方部遠東局的庫西寧到學校來做形勢報告。講到中國革命時，庫西寧著重批判了孫中山的三民主義，說孫中山想不通過武裝鬥爭就能奪取政權，那純粹是烏托邦，是夢想。

蔣經國默默地聽著他講的一切，仔細品味他的每一句話。在整個報告期間他似乎都感覺到無數雙眼睛一直盯著他。

會後，學生中的孫文主義學會分子鄧文儀、康澤、穀正綱、穀正鼎等人對會上批判孫中山三民主義的說法提出抗議，說這是明目張膽的污蔑，是破壞國共合作等等。

中國共產黨的學生則堅決地與共產國際和蘇聯共產黨、校方站在一個立場上。爭論雙方相持不下，辯論進行了三天三夜，幾乎釀成大打出手的局面。

最後，徐君虎以國民黨特別黨部宣傳部長的名義談了他的

看法：

「蔣介石是否真正繼承孫中山的學說，是否堅持孫中山的三民主義，他是真革命，還是假革命，人們將拭目以待。」

當時，蔣經國忽然間成熟了，他一下子有了「自知之明」，他在整個激烈的辯論過程中沒有為父親說一句話，他非常難過，他為有這樣的父親而深感遺憾。

通過激烈的思想鬥爭，他感覺到他還有一點希望。於是便給父親寫了一封信，嚴厲地批評父親，說他反對中國共產黨就是反對孫中山的三民主義，就是反革命。他在信的開頭對蔣介石的稱呼是：「介石同志」，並且說：「我今天是站在同志的立場上和你講話。」

在中國三月二十日事件「和平解決」後，蔣介石把他扣押的人悉數予以釋放。另外，當時國共兩黨正在醞釀進行北伐，「打倒軍閥，統一中國」的口號給人們以希望，在中山大學的校園裏這件不愉快的事情不久就被國共合作舉行北伐的轟轟烈烈的宣傳沖淡了，然而對於蔣經國來說，三月的事件不可能淡忘。他的歡快、無憂無慮的生活開始有了陰影。

校方還印發了嚴格的《綱要》，由於《訓練指導工作綱要》的實施，一些人開始監督別人，向領導彙報別人的各種情況包括個人隱私，以求得與當局搞好關係。結果在中山大學裏造成一種人人自危，人人小心翼翼，人人自顧自的現象，毫無生氣可言。連少數不管閒事的學生也難以平靜，他們要麼被說成不關心政治，只知道低頭讀書，要麼被污蔑為「心懷詭計」。

這種倒行逆施受到學生們的普遍反對，甚至連校長拉狄克

都頗有微詞。可是少數中共黨員依靠他們手中的權，硬是要這樣辦。一場要求起碼的自由與濫用黨權干涉人權的鬥爭在中山大學的校園裏鬧到不可開交的地步。

就是在這樣的形勢下，共產國際執行委員會舉行了第七次擴大全會。一九二六年十一月二十二日，中國國共兩黨的代表再次連袂出席共產國際的代表會議。中國共產黨的代表譚平山當選為主席團成員，邵力子作為中國國民黨的正式代表與會。蔣經國、白瑜、邵志剛等中山大學的一些學生也列席了這次大會的開幕式和後來的某些會議。

布哈林宣讀開幕詞。特別令蔣經國和他的同學們感覺歡欣鼓舞的是這位全世界無產階級革命的領袖在致詞伊始第三四句話就盛讚中國人民，稱頌中國人民為「偉大的人民」，高度讚揚中國人民正在進行的「波瀾壯闊的革命解放鬥爭」。當布哈林說：「我僅代表整個共產國際，代表全世界工人階級許下諾言：我們一定竭盡全力，想盡一切辦法、不惜任何代價地支持中國人民這一具有世界歷史意義的鬥爭」時，與會者特別是中國同志聽到他的話都情不自禁地高呼「烏拉！」會場上響起經久不息的掌聲。

一九二七年二月，列寧夫人克魯普斯卡婭來到中山大學。她當時是蘇聯共產黨監察委員會委員，最高蘇維維埃主席團成員，她為學生們做的演講題目是《共產主義教育》。聽眾非常注意聽她的每一句話，平日的緊張氣氛只有到這時才多少有一點緩和。

到一九二七年四月份人們每天都從傳播媒介得到令人歡欣鼓舞的消息。一九二六年北伐出師後，人們不無擔憂地看到，帝國主義特別是英國，一直主張要聯合各國共同干涉中國，因為他

們感覺到「在此紊亂時局中，如以壓力施諸北京之無助政府，殆無實效可言。」非「聯合行動」不可遏制中國共產黨與北伐軍的軍事行動。帝國主義在中國集結了大量軍艦和兵力，華北有日、英、美、法、意等國的步、炮兵約五千人，長江流域以上海為中心有上述國家加上荷蘭的約近三萬陸海軍。帝國主義製造了萬縣慘案，陰謀在長江組織挑釁。他們幫助北京政府逮捕革命者，鎮壓革命運動。一九二六年十月下旬，上海工人舉行了一次罷工，並有群眾去打員警分局。但是這次起義失敗了，然而國民革命軍的逼近給上海人民帶來無限希望。

上海總工會的《罷工宣言與總要求》發表了，它所包含的十七條內容也一樣覆蓋了涉及政治與經濟權力的各個方面。

遠在莫斯科的中山大學學生們得知這一切哪能不歡欣鼓舞，蔣經國自然也不例外，他多麼希望父親能夠把這場革命進行到底，他在編織著美妙的勝利之夢，和同學們一起等待著更大的新聞。那些日子裏，《真理報》和《消息報》成了最搶手的報紙，人們貪婪地吸吮著來自中國大地的革命空氣。

他站在路邊手裏拿著報紙……兩隻眼睛飛快地讀：

英國官方的報導：日本人在華利益受到威脅，各帝國主義國家準備干涉……《德里新聞》表示贊同英國撤出在華軍隊……

終於找到了，那是在《有人照例在準備挑釁》的小標題之下，蔣經國幾乎能把這條消息背誦出來：

「據《德里電訊報》記者雲，迄今為止，英國當局對蔣介石寄託的希望正在極為迅速地破滅之中」。

消息很短，可是這已經夠了，但願英國這種希望最後「完

全破滅。」此刻他的心情是無法描述的，不過有一點是肯定的，他「有資格」和同學們一起參加慶祝活動的準備工作，父親沒有「使他難堪」。

就這樣，蔣經國「放下包袱輕裝上陣」了。沒有人發現他情緒的變化，沒有人注意他怎樣去買了報紙又如何焦急不安地尋找過什麼人的名字。

一九二七年四月十二日，上海發生了大慘案，蔣經國的父親進入上海之後就舉起屠刀，把曾經支持過他的工人和各界人士特別是中國共產黨人淹沒在血泊之中，鮮血染紅了上海灘。

消息傳到克里姆林宮，蘇聯共產黨和共產國際的首腦為之震驚，為之束手無策。因為史達林一直要求中國共產黨維持與蔣介石的統一戰線，認為沒有必要設法對付或從革命隊伍中驅逐國民黨右派。誰又能料到他竟成了姑息養奸者，最後禍起蕭牆呢！

莫斯科憤怒了，中山大學的學生也憤怒了。他們馬上燒毀了蔣介石的肖像和模擬像，準備召開另外類型的大會——一個聲討革命叛徒蔣介石的大會。一種強烈的不可遏制的怒火籠罩在中山大學的上空。前一段時間人們喜笑顏開，把頻頻傳來的捷報奔相走告的景象和情緒猶如隔世。校園裏一片沉默，在沉默中醞釀著強烈的爆發。

蔣經國和同學們相對無言，他接受了這個嚴酷和現實，他感覺到從四面八方射向他全校學員的目光——有期待、有譴責、有迷惑、有……

他當然為父親的作為感到難堪，感到受了莫大的羞辱。

他決定超越自我，去擺脫窘境。

被激怒的青年人義憤填膺，聚集在中山大學白色大理石的禮堂裏。「打倒國民黨右派！」這個口號集中凝煉地表現了會議主題，學員們爭先恐後走上講臺。

這時的蔣經國在大會氣氛的感染下也登上了主席臺，他用純熟的俄語激昂慷慨地說：

「我是一個共產主義青年團的團員，在這裏我正是以青年團員的身份表示我的態度，我不是以蔣介石的兒子的身份講話的。」四座鴉雀無聲，人們期待著……

「上海無產階級的起義不僅決定了國民革命的命運，而且決定了社會革命的前途。只有像我父親這樣的盲人才看不到這一點，現在他想當中國革命的領導，可是，資產階級絕對領導不了國民革命，取代不了無產階級的領導作用，所以，作為對我父親卑鄙行為的回答，我要高呼『打倒蔣介石！』讓全世界都聽到我的呼聲吧！」

他鮮明的政治立場博得與會者熱烈的掌聲——作為共產主義青年團團員，他已經與反革命的的父親劃清了界限。這掌聲說明他被革命群眾接受了，他被認同了。此時，也只有此時，他才有了一點輕鬆感。為了表示與父親劃清界限的決心，他建議與會者到共產國際大樓前去遊行。

在四月十二日事件發生後，莫斯科的遊行示威此起彼伏。人們密切關注中國事態的發展，也密切關注身在蘇聯土地上的中國人。張作霖派人搜查了蘇聯駐中國大使館，逮捕了李大釗等革命者。蘇聯普通人的義憤發展到頂點，他們的愛憎也非常清楚地

表示出來。自從蔣經國發表了他的聲明，向世人揭示了他大義滅親的政治立場之後，他不僅得到人們的認同，而且受到人們的尊敬。凡有中國人走在大街上，蘇聯人總是很好奇地打聽：「誰是蔣經國？蔣經國在哪裡？」

幾天之內他成了名噪一時的新聞人物。

自從四月十二日的事件之後，國共合作實際上已經出現了不可彌補的裂痕。蘇聯共產黨和為之服務的共產國際此後一度想利用唐生智、馮玉祥來與蔣介石較量一番，總希望借此挽回政局。

然而當時中山大學學生們的心情十分複雜，特別是在不到一個月的時間裏，人們的情緒劇烈地大起大落，很難平靜下來考慮和接受什麼樣的客觀事實，更何況誰又知道多少事實真相呢？它不是被說得天花亂墜，就是被描繪成一片黑暗。

學生們只能從報刊上得到一些消息，模模糊糊地知道史達林正在領導蘇聯共產黨向托洛茨基為首的反對派進行鬥爭。

托洛茨基認為史達林為首的蘇聯共產黨中央委員會在中國問題上的路線是「根本錯誤的，正是這條根本錯誤路線保證了中國反動勢力四月政變的成功……針對廣為流傳的謠言說什麼反對派『乘人之危』等等，我和季諾維也夫同志曾經建議舉行一次全會的秘密會議討論中國問題、下一步對中國方針和我們政策中的最重要的方面……但是政治局拒絕了……此後忽然出現了史達林提綱，這個提綱規定並且加深了那個根本錯誤政策中一切最重要之點。」

中山大學裏國共兩黨的黨員，各派學生都毫無例外地希望

知道中國事態的詳細情況下，他們要求共產國際的領導來學校演講。於是史達林就駕臨該校。

那是一九二七年五月十三日。蔣經國和他的同學們被告知在禮堂集合，大家在嚴肅氣氛中靜候講演人。

大廳內外照例是戒備森嚴，為了首長的安全，任何人不得隨意走動。蔣經國好奇地看著保安人員極其認真地搜查每一個角落。

大廳裏忽然間燈火通明，人們被照耀得睞起了眼睛，史達林出現在講臺上。大廳裏一片歡騰，學生們高喊：「烏拉！」

一曲《國際歌》彷彿又把人們帶到進入聖殿時看見耶穌顯聖時一樣的那種氣氛之中。

史達林開始講話了，蔣經國看見一個個頭不高，但靠著那身制服的映襯顯得很精神的男子。記得上年十一到十二月間共產國際舉行全會時，在克里姆林宮的講臺上他也是這樣的裝束。可那時候蔣經國是列席共產國際的代表大會，此次他是「正式」身分，他是中山大學的學生，史達林就是來為他們講演的，他聆聽著領袖的每一句話。

史達林按照他預先收到的學生們提出的問題準備了發言，他從第一個問題開始就將矛頭對準這個學校的校長拉狄克。接下去的闡述自然還是批判。蔣經國特別緊張地聽著，因為這個問題直接涉及共產國際過去對待他父親和國民黨的政策，他尤其想知道眼下他的父親在史達林眼中的地位。他幾乎逐字逐句地記住了史達林的下麵這段話：

「甚至國民黨右派蔣介石，在發動政變以前就用種種陰謀詭

計來反對國民黨左派和共產黨人的蔣介石，當時也要比克倫斯基和策烈鐵裏之流高出一些，因為克倫斯基之流和策烈鐵裏之流進行戰爭是為了奴役土耳其、波斯、美索不達米亞、加里西亞，從而鞏固帝國主義，而蔣介石進行戰爭——無論進行得好壞——則是反對奴役中國，從而削弱帝國主義的……」

　　其他的八個問題全都圍著國民黨的性質，國共兩黨關係和進一步推動中國革命的戰略與策略，諸如：為什麼武漢政府不進攻蔣介石，而進攻張作霖；武漢政府和蔣介石同時向北方進攻，這不是抹殺了反對中國資產階級的戰線嗎？

　　他從史達林的講話中得知，立即在中國建立蘇維埃的做法是錯誤的。因為中國共產黨人現在應該「支持武漢政府，把它變為反對張作霖、反對蔣介石、反對地主豪紳、反對帝國主義的機關。」「立即成立工農代表蘇維埃去推翻武漢政府，這在目前是不正確的和不容許的。」蔣經國還得知在當時退出武漢政府也是不對的，這是托洛茨基反對派的錯誤觀點。

　　史達林的重要講話持續了大約三個小時，與會者有的認為受益匪淺，有的不以為然。

　　這年他從中山大學畢業了，母親寫信來要他回國，他自己也希望擺脫這裏的是非，便向有關方面提出了這個要求，但得到一個否定的回答。

　　從那一天起，他開始思考生活。然而在這中間有一個因素是他無力改變或擺脫的，那就是他的獨特身份。恰恰是這一點開始把他裹入政治是非。於是他被迫陷入了政治漩渦，自此永無寧日。

由於中蘇兩國關係的惡化和中國國內國共兩黨關係的惡化，中山大學校園裏往日的歡笑已經被無窮盡的爭論和相互間的不滿所取代。七月，在中國國內寧漢合流之後，原來在中山大學的中國國民黨學員就陸續回國了。而蔣經國例外，蘇聯和共產國際認為他「有用」，認為這個籌碼舉足輕重，就把他留在蘇聯。

王明陰魂纏左右

最早進入他生活的就是王明。

王明何許人也？我們把這個後來在蔣經國的生活裏起著如來佛手掌作用的人做一番介紹。

王明出生於一九〇四年四月九日。父親是安徽省六安縣的一個小商人。王明六歲入私塾，讀的是《三字經》、《百家姓》、《論語》、《詩經》等那個時代的經典教材。王明秉賦較好，八歲就能寫對聯，次年開始謅一些小詩。因為家庭經濟狀況不好，他有時失學，到十六歲即一九二〇年時進了一所收費低廉的學校——安徽省立第三甲種農業學校，簡稱為三農學校。

一九二四年王明從三農學校畢業。貧窮的家境使他幾乎喪失了繼續學習的機會，這年秋天進入武昌商科大學預科學習。

在這裏他認識了共產主義青年團員梁仲明，從他那裏聽到不少關於蘇聯和十月革命的情況。而梁講述的關於中國共產黨、中國共產主義青年團的革命組織與活動則使王明眼界大開。

這就是進入蔣經國生活的王明，那正是王明春風得意的時候，有王明小保姆之稱的米夫不久就取代拉狄克當了中山大學的校長。有了這層關係和這段經歷，王明當然就有恃無恐了。蔣經國完全不是王明的對手，國民黨是反革命政黨，蔣介石是國民黨的領袖，自然是最大的反革命，而蔣介石的兒子，他的血液裏就有反革命的因數，對於這種人一定要嚴加看管和徹底改造。至於

說到革命力量的分類，那麼，蔣經國無論如何不能是依靠對象，充其量是可以爭取和改造的對象罷了。

這一年，在動盪的夏天過去之後，蘇聯政治生活迎來的是一個多事之秋，史達林與托洛茨基反對派的鬥爭越演越烈，而共產國際則被用來密切為史達林服務。

眾所周知，共產國際第八次全會是在極其秘密的情況下舉行的。托洛茨基在會上受到嚴厲的批判，但是他始終不讓步，無論在會前、會議期間和會後他都頻繁地給共產國際和蘇聯共產黨中央委員會與監察委員會寫信闡述自己的觀點並且嚴厲指責史達林和布哈林的路線。

為這一切火上澆油的是八十三人上書事件。就在共產國際執行委員會第八次全會進行期間，以托洛茨基為首的這一大批蘇共黨員給蘇聯共產黨中央委員會寫了一封長信，詳述左派反對派與史達林的分歧。他們指責史達林等共產國際領導讓中國共產黨加入國民黨，非難共產國際領導讓上海工人們在這年的三月為蔣介石等資產階級火中取栗。

大權在握的史達林當然不會懼怕托洛茨基，更不會「回到」托洛茨基所說的列寧主義路線上來。報刊上批判托洛茨基的文章越來越多，火藥味越來越濃烈。

蔣經國他暗自慶倖，自己沒有捲入這次風波，同時他暗地裏密切關注形勢的發展。

劍拔弩張。史達林決定帶領蘇聯共產黨中央委員會和監察委員會與托洛茨基等人決一雌雄。

過了幾天，蔣經國有一個朋友把最新一期《共產國際》雜

誌遞給他。悄悄地告訴他：「這上面有一篇文章，裏面提到一張傳單，就是貼在莫斯科克拉斯諾普利斯年斯基區的一個大樓牆上的。你看看，現在可千萬少說話，形勢特別緊張。」

蔣經國趕快看那篇文章，他不禁為之一怔，原來反對派並沒有被制服，活動還相當「猖獗」，當時史達林在他們眼中的形象竟然是一個獨裁者。

當然，托洛茨基派的這類言論受到全面而深入的批評乃至聲討。《真理報》、《消息報》，共產國際的機關刊物全部行動起來，托洛茨基成了過街老鼠。

蔣經國以特殊的緊張心情和注意力追蹤形勢的發展，他對周圍的一切產生了疑惑和不解。一度對托洛茨基學說的崇拜使他下意識地不願意接受眼前的一切。昔日的歡笑早已經蕩然無存，一年前的玫瑰色也早已消散，蔣經國生活和前途都籠罩在一層不可知的濃霧裏。

這一年，蔣經國無論從哪一方面說都是很不順利的，與父親「劃清界限」已經夠他承受；欲求回國遭拒絕是第二次晦氣的事；怎奈「禍不單行」，他又遭劫，不知道是誰偷走他僅有的積蓄和衣物，竟使他到了無法更換衣服的地步。他只好寫了一封信給「上海姆媽」求援，告訴她：「……我的箱子被人拿去，因此我多半的衣服都丟了，今年冬天，我急需一些厚衣服，以保溫暖。莫斯科冬季的刺骨嚴寒是我所無法忍受的，現在，我只有身上穿的這些衣服，請儘快彙些錢給我買衣服。」

蔣經國急切地等待著「庶母」陳潔如的回信。

蔣經國的信寄到上海之後，他的「姆媽」並沒有馬上給蔣介

石看，他知道蔣介石正在為蔣經國那些「聲明」之類的東西非常惱火。但信後來還是看了，他在想兒子與他「脫離關係」的聲明是真還是假？

他對陳潔如說：「一定要給他一點教訓，他怎麼能如此粗心大意，把衣服和錢都被人偷了？他要為自己的疏忽負責，我不能彙一分錢給他。」陳潔如只好作罷，可是問題仍然沒有解決，過了三天她又問蔣介石：「經國還在等待回信呢，到底你要彙給他多少錢？」沒想到這次又是拒絕。她便找陳果夫商量，二陳想了許多主意都未能找到錢，陳果夫又知道蔣介石的脾氣，所以不讓陳潔如再向蔣提起這事。最後，陳果夫告訴陳潔如：「過去，我們常常向陸軍籌備委員會借錢，臨時用一用，很快就還回去，可是，現在這個機構沒有了，其他部門銀根全都很緊張，我再去想想辦法。」

這已經是她收到蔣經國信後的第八天了。陳潔如當機立斷，決定拿出自己的私房錢——兩千元現金，她把這些錢遞給陳果夫說：「我想已經不能再等待了，經國一人在那裏一定是特別著急的，蘇聯那裏天冷，他連換洗的衣服都沒有。你先把這點錢寄給他吧，這是我近幾年全部積蓄，也許還夠他用些日子。」

陳果夫被這番話和這場面所感動，竟至頓時語塞。「您，您……」，「就這樣吧，經國比我更需要這些錢，我這裏好對付些。」陳潔如不像在作戲。

「您真是慈祥的母親！可是這畢竟是您個人的……我去……」陳果夫還在想著更好的主意，陳潔如看出他的心思便

說：「就這樣吧，有件事我還是告訴您，那您就不會再替我可惜這點錢了。5年多以前我和蔣介石到溪口去的時候，我看見毛福梅，她非常疼愛經國，再三拜託我照顧他。我當面答應過福梅，真心實意地對她說，請她放心，我一定會在經國需要的時候盡力照顧他。現在正是他需要我的時候，我不能食言。況且你這裏各種事本來已經夠忙的了，請不必再為這點事費心了，馬上就把錢寄走吧，這樣我的心裏也就踏實了。」

過了幾天，蔣經國就收到了陳潔如寄來的錢，總算解決了燃眉之急。然而他當時未必知道這是「上海姆媽」的私房錢，因為陳潔如給他寄出錢後不久就到美國去了，一九三七年蔣經國回國後再也沒有見到她。

王明此時回國一次，當王明滿載榮譽和校長米夫的信任回到蘇聯的時候，蔣經國正在紅軍的隊伍裏過著一個普通戰士的生活。

蔣經國在紅軍中學習了一年，一九二八年夏以優異的成績結束了學軍的生涯。

一九二八年秋季蔣經國來到列寧格勒，從這時候起他改名為葉利簫羅夫。

話說葉利簫羅夫到了軍校，人地生疏，舉目無親。北國秋來早，剛剛十月份，樹木就已經枯黃，在開學之前他一個人到涅瓦河邊散步。

一片蕭殺景象。涅瓦河水平靜地流入波羅的海，遠遠地攜帶他的愁思到陌生的地方。長江、黃河在哪裡？武嶺、剡溪在哪裡？母親佛堂裏的燈光為什麼這樣弱，不能把她的形象照亮，鴻

雁何時才能把母親的資訊傳來？身邊沒有中國的黃曆，也不知道現在是陰曆的什麼月份，看昨天晚上的明月好像已經是中秋節前後了，那是萬家團圓的時候……

面對浩茫的河水，他在思念故鄉和親人，少年時讀過的詩句此時越發顯得真切：「獨在異鄉為異客……，萬里悲秋常作客……，月是故鄉明……」，冰涼的河水無情地拍打著花崗岩的護波堤，激起一道道雪白的浪花，散發出一陣陣涼氣，益發使人感覺冷氣襲人，蔣經國把大衣領子扶起。

就在他把手插入口袋的瞬間，一個高高的背微駝的人進入他的視野，朝他走過來。

「你好！小夥子！」那位長者慈祥的問候使葉利筍羅夫感到親切。「您好！」他禮貌地回答。從來人的長相和那一副熟悉的小鬍子，他認出了是大作家高爾基。

「小夥子，我在遠處看你多時了，怎麼了，有什麼心事嗎？」

「沒什麼……」葉利筍羅夫顯然不願意也不可能輕易說出自己的「心事」，但滿臉愁雲早已暴露出他的情緒了。

「來、來、來，小夥子，坐下，說一說，我聽聽。」長者的話語柔中有剛，葉利筍羅夫馬上就「繳械」了。他開始向高爾基講述自己的身世和在蘇聯的經歷，特別是眼下如何來到此地，為何到這個學校。

他的談伴不僅是名作家，而且是一個在不同的時代飽經滄桑的人，他具有作家獨特的驚人洞察力，看待事物入木三分。面對這樣一個涉世未深的年輕人和他那一點「痛苦」，高爾基非常溫

和地說：「想念母親，是的，人之常情，她也想念你，還是設法給她寫一封信吧」。

「我寫過，可沒敢寄出去。我害怕……」

「是，應該小心些，只寫兩句報告平安就行了，哪怕只寫上『媽媽，你好』，她就會非常高興的。」

「我想也是這樣，我們中國有一首名詩，其中有一句說：『家書抵萬金』，你們俄國也有這樣的詩句嗎？」

「有，小夥子，不管哪個國家都會有類似的詩，因為全世界的人，天下的人類，情感都是相通的。愛，母親的愛——這是永恆的。」

這位長者用深沉的目光看著平靜的涅瓦河水，好像正在從河的最深處，從他在豐富的閱歷裏提取最精華的體會，與這個異國的年輕朋友分享自己的感受。

十月的風吹在身上冷嗖嗖的，葉利箚羅夫下意識地為老人把大衣和衣襟拉拉緊，以免河上的涼風吹著他本已羸弱的身軀，老人緊緊抓住他的手說：「謝謝你，我不冷。現在太陽下山了，我們該回去了。小夥子，振作起來！做一個真正的人，做一個大寫的人。記住母親，母親時時在你身邊。再見！」

「謝謝您，我特別高興今天有幸在這裏見到您，請您多多保重！」

他們二人各自東西了。老人的話把葉利箚羅夫剛才的煩惱一掃而光，就像眼前深秋的風卷走了枯萎的落葉，留下光禿的樹枝經受嚴冬，靠著母親——樹根的保護和不可見的營養補給孕育新的枝葉。

這次會見給葉利箚羅夫留下難忘的回憶，據他身邊的工作人員說，直到十多年後回到中國在寫他的旅蘇生活時，他還向身邊的人清晰地描述過涅瓦河那次邂逅高爾基的動人場景。

　　論說，葉利箚羅夫來到列寧格勒以後似乎已經離開中山大學那個是非之地了，誰知好景不長，他好像生來就是為應付各種麻煩而存在的。由王明一手炮製的「江浙同學會」一案把他捲入了一場相當麻煩的政治案件中去。

　　當時葉利箚羅夫在列寧格勒，王明在莫斯科，王明的手為什麼那麼長能伸到涅瓦河邊泥？這裏自有文章：

　　原來自從國共關係惡化，中蘇兩國斷交之後，莫斯科中山大學就沒有國民黨學員了。蔣經國到了列寧格勒，其他人差不多都回中國去了，中國革命遭到的挫折不僅激化了蘇聯共產黨內反對托洛茨基的鬥爭，也在中國共產黨內有所反映。這樣一來，在中山大學的中國共產黨支部就自然因為早已存在的思想分歧而捲入了反對托洛茨基反對派的鬥爭。

　　且說一九二七年紅場事件發生後，史達林命令中國共產黨的支部局秘密調查，有哪些人當時在紅場上呼喊擁護托洛茨基的口號。結果，梁幹橋、安福、陸淵等十位同學首次當了蘇聯共產黨政治鬥爭的犧牲品，被遣送回國，有的被送去勞動改造，有的留黨察看。

　　王明控制的支部局在這裏起了不小作用，又加上中山大學的校長拉狄克被米夫取代，王明就想盡一切辦法迎合他，同時利用同學中間存在的思想問題和不同意見大搞宗派活動。他使用的法寶之一便是對待史達林的態度，凡是同情托洛茨基，反對史達

林的，一律嚴厲制裁；法寶之二是搞小宗派——在中共黨員中凡是同意王明觀點並且向他靠攏的人，就是自己人，反之則通通予以排斥。王明有在史達林手下十分得寵的米夫當後臺自然有恃無恐，同學們特別氣憤地說「王明是米夫的小走狗」，「米夫是王明的小保姆」。

他的「反對者」又偏偏特別認真，面對這種情況他認為一定要制服那些反對他的人，於是便開始在政壇上小試身手，肇啟了黨內鬥爭罪惡先例的所謂「江浙同學會」一案便在這樣的背景下出現了。

王明下定決心要把所有反對他的人一網打盡。

他借用俄共對付反對派的名詞，把工人出身的同學，如李劍如、餘篤三等打成「工人反對派」；把年紀小一些，當時還是共產主義青年團員的人打成「先鋒主義者」；在這些人裏年紀大一些，有一定工作經驗的俞秀松、董亦湘、周達文、孫冶方等多是江蘇、浙江兩省來的。他們無論在文化水平、理論修養還是工作經驗上都是最不容易制服的，所以王明便想起了從蘇聯共產黨歷史中學到的能夠將對手置於死地的「銳利武器」——從事反黨活動的小集團，一經選定，便當即操戈，大打出手，捏造了「江浙同學會」一案。

事情的原委是這樣的，在列寧格勒學習的蔣經國、李卓然、肖勁光、左權等人享受紅軍軍官待遇，每個月大約有七八十盧布的津貼，比他們莫斯科的同學多出不少。蔣經國在莫斯科時逢休息日常常和徐君虎等人一起去中國餐館「打牙祭」。一九二八年春季，蔣經國收到他原在中山大學的同學寄來的一封信，大意是

說，我們要搞一個江浙同學會，選你當會長，希望你這個會長以後常常接濟我們一點，當作會費。

蔣經國收到信後看完了就隨手一扔，放在抽屜裏，然後給俞秀松、周達文、董亦湘回了一封信。這封信存在蘇聯內務部的檔案裏，至今還沒有人全文使用過，根據許多當事人的回憶，信的內容大致是說：你們現在學習和生活怎麼樣？很想知道你們的情況。我現在特別忙，你們信中要的「會費」，很抱歉，這個月我交不了，錢都用完了，下月一定補交。

可是他萬萬沒想到，蘇聯的內務部到處都派有專門的人去監視一些「重點」人物。這位蔣介石之子葉利箚羅夫也是被監視的對象。他扔在抽屜裏的信和他的回信全部被「繳獲」送到有關部門，後來轉到中山大學支部局王明手裏。

這對王明真是「千載難縫」的機會，他如獲至寶，開始緊追不捨。

首先，他使用「無罪推定」的伎倆，想當然地肯定這個「小組織」的存在，並且給它定了性——反革命組織，其成員是誰？當然是俞秀松、董亦湘、周達文、孫冶方了，而「會長」則「千真萬確」是在列寧格勒工農紅軍托爾馬喬夫軍事學院學習化名為葉利箚羅夫的蔣經國了。有了這封信，什麼證據都不用了，鐵證如山！既然有一個反革命的組織存在，它的成員還分佈在莫斯科、列寧格勒，他哪能不挺身而出去「肅清」這股勢力呢？

王明開始行動了。首先他向米夫作了彙報，說明階級鬥爭的尖銳與複雜性，特別強調作為蔣介石兒子的蔣經國居然在這裏參與小集團，是一個絕對不可等閒視之的極為重要的動向。

其次，他經米夫同意，和蘇聯內務部門配合周密地安排了對一些人的暗中監視。孫冶方察覺到有人在監視他，只好在圖書館裏埋頭讀書，不敢和別人接觸。

第三，向米夫建議請向忠發來中山大學作報告，向忠發是工人出身，沒有什麼理論修養，對莫斯科這裏的情況也不十分瞭解，可他敢說敢幹。他是在一九二七年率領中國工農代表團到蘇聯來參加十月革命十周年紀念活動的，後來在這裏參加了共產國際執行委員會的第九次全會和紅色工會國際第四次代表大會。王明很會利用時機，他看到，自從一九二七年國共分裂之後，共產國際和蘇聯共產黨內左傾情緒，急躁情緒抬頭，另外，對於知識份子幹部表現出明顯的不信任和反感，片面地強調領導層中的工農比例，所以向忠發在莫斯科很走紅。王明向他提供了一些似是而非的所謂「調查材料」，向本人並未做任何調查，全都信以為真，就於一九二八年八月十四日在會上嚴厲批判這個「反革命組織」。

據檔案記載，向忠發認為這個組織的成員「有中央的組織，亦有各地的組織」，「他們與蔣介石有勾結，受蔣介石的經濟幫助，還聽說與日本領事館有勾結」。他們以後的出路不外乎：公開地反革命，投向蔣介石，屠殺工農，走到小資產階級反動政黨裏去，反對中國共產黨，留在黨內搗亂破壞。對於這樣一個如此危險而惡毒反黨的組織應該怎麼辦呢？向忠發說：我們必須消滅它，一定要消滅這個組織，其中的一些人要槍斃。

會後，一些人被捕，另一些被開除，學生中人人自危，以上是莫斯科的情況。

現在讓我們去列寧格勒工農紅軍托爾馬喬夫軍事學院看一看葉利箚羅夫的處境，有兩個不可逆轉的因素決定了他無法逃脫被懷疑和受審查的命運：一是他過去參加過託派組織，二是他那封信——被「繳獲」的鐵證。另一個讓他十分不愉快可他自己又無能為力的狀況，他的非黨地位自然把他歸入「另冊」。

　　「江浙同學會」一案發生後，莫斯科那裏緊鑼密鼓明裏暗裏進行著鬥爭。在列寧格勒的葉利箚羅夫作為「首犯」，理所當然要作出應有的交待。可他能交待什麼呢？「招安」嗎？他不知道從何說起，本來就沒什麼反革命小集團之類的事，任怎樣說，這案是鐵板上釘釘子，是翻不了案的！

　　物極必反，這些被污蔑為組織「反革命的江浙同學會」的同學們起初很害怕，王明自以為得計，就越發起勁地逼迫他們，被追問的同學們忍無可忍之際就憤怒地行動起來，他們向中共中央和中國共產黨駐共產國際代表團反映情況，要求幫助。同時一些正派的同學也寫信給蔣經國，安慰他，讓他沉住氣。

　　當時參加共產國際第六次代表大會的中國共產黨代表團團長周恩來正在莫斯科，此後不久在這裏舉行的中國共產黨第六次代表大會選舉的政治局委員瞿秋白會後也留在那裏，並且根據中共中央的指示開始調查這個已經鬧得很難收拾的案件。

　　周恩來和瞿秋白進行了多方面的調查和瞭解，找了許多同學和當事人談話，與蘇聯內務部接洽過。一九二八年八月十五日瞿秋白以中共駐共產國際代表團的名義寫信給蘇聯共產黨中央委員會，針對蘇聯共產黨中央監察委員會以內務部的調查材料為依據得出的結論提出異議，同時寫信給中共中央，說明實際上並不存

在什麼反革命的「江浙同學會」。

在一次會上，蔣經國的那封信和他本人的冤屈也總算得到澄清，蘇聯共產黨中央監察委員會書記雅羅斯拉夫斯基向與會者讀了由內務部「繳獲」的蔣經國的那封信並介紹了一些情況，最後他向大家正式宣佈，根本就不存在什麼「江浙同學會」這個組織。

為了平息這場軒然大波，周恩來後來主持召開了中山大學全體同學的會議，總算了結了這段公案。

既然莫斯科中山大學裏主持正義的人們最終掃除了猖獗一時的烏煙瘴氣，遠在千里之外的當事人葉利箹羅夫不言而喻也受益了，至此，他也總可以輕鬆地舒一口氣了。

有一天，軍校裏所在的那個班的黨支部書記找他談話：「葉利箹羅夫同志，你對我們軍校的學習和近兩年的生活感覺滿意嗎？」

「當然，我很滿意。能有這樣寶貴的機會在這所全蘇聯最好的軍校學習，我非常自豪。」

「你對於蘇聯共產黨的總路線有什麼看法嗎？」

「這很難用三言兩語表達清楚。不過從蘇聯開始實行第一個五年計劃起到現在只有一年多的時間，蘇聯經濟建設的速度是最有說服力的。」葉利箹羅夫非常嚴肅的話語間透露出真摯的喜悅。

「你是否考慮過加入蘇聯共產黨的事？」

這突如其來的問題使葉利箹羅夫不知所措，而做出回答並不困難：「怎麼能不考慮呢？我考慮過多少次，你知道我已經是近五年的青年團員了，現在我們在軍校學習，未來的工作要求我們

在一切方面都要布爾什維克化。蘇聯共產黨擔負著進行世界革命的重任，我很想成為這個光榮的共產黨中的一員。不過，我不知道，我的身份和其他條件是否允許我加入蘇聯共產黨？」葉利箹羅夫以探詢的口氣提出了自己的要求。

「如果你自己有這樣的願望，也希望為此做出努力，黨沒有理由拒絕你。你現在要做的是好好學習蘇聯共產黨的黨章和共產國際的章程，進一步明確你的生活目標，今天我同你談話是代表黨組織的，現在我以黨組織的名義請你寫一個自傳，除了你自己的經歷外，還要詳細寫你對蘇聯和共產國際的認識，你必須在自傳裏回答來蘇聯的目的這個問題」。

「好的，我會按黨的要求去辦。」葉利箹羅夫的眼睛閃出熱情的火光，「我會儘快寫出交給你的。」

三五天過後，他交上了自傳，又過了幾天，他的自傳經過有關部門的審查後得到了認可。

在一個晴朗的冬日的下午，工農紅軍托爾馬喬夫軍事學院二年級黨支部舉行了吸收葉利箹羅夫入黨的會議。對於他來說這是個難忘的日子，對於那些還沒有入黨的學生來說，這是一個令人羨慕的時刻。

葉利箹羅夫在會上宣讀自傳，開始時由於緊張和激動，他的聲音有些發抖。讀到來蘇聯的目的時，他充滿自信，聲音響亮：「共產國際領導向我提出了一個使命，務必經過布爾什維克式的實際鍛煉把自己造就成為一個優秀的、堅強的布爾什維克」。

與會者聽取了他對自己來蘇聯後這些年生活的描述，特別令他們滿意的是葉利箹羅夫同自己反革命的父親——中國人民

的公敵蔣介石劃清了界限，而站在蘇聯共產黨和世界革命的立場上。

會議主席宣佈：「請大家考慮，是否同意吸收葉利簡羅夫加入蘇聯共產黨成為候補黨員，過幾分鐘我們表決。」

舉手表決前的那些短暫的時刻對葉利簡羅夫來說是十分難熬的，與會者低聲交換意見。葉利簡羅夫坐那裏，不敢抬頭看任何人……

「現在我們舉手表決，同意葉利簡羅夫的請舉手！」

與會者一致認為他可以成為他們中的一員，幾十隻手同時舉了起來。

「一致通過」主席笑著說：「我們祝賀葉利簡羅夫從今天起成為光榮的布爾什維克黨的候補黨員。」

那是一九三○年的二月，他在軍校學習期間國際社會和蘇聯政治生活中最大的事件就是中蘇中東鐵路衝突和由它引發的一九二七年中蘇關係破裂時的反蔣浪潮之後一次更大規模的國際反蔣運動。

在蘇聯，這正是大力宣傳反對和消滅富農的時候。對於中國，根據這個基本估計，革命總司令部為中共制定了一個更左的方針：盡可能地組織和進行武裝起義，盡可能快地讓工人階級奪取和掌握政權，「哪怕能把政權掌握十分鐘也好。」

在莫斯科直接控制葉利簡羅夫命運的王明從一九二九年三月回到上海後就起勁地貫徹和「發展」共產國際本來已經相當激進的左傾方針，他不顧中國實際情況，也學著蘇聯的調子大肆叫嚷要在中國消滅富農，以「加速」中國由民主革命向社會主義革命

的轉變。在國際政治形勢的宣傳下，他也同樣學著共產國際的調門，唯恐世界大戰來得太遲。

一九二九年對於蔣經國來說同樣是一個很不平靜的年份。這年的中蘇兩國之間為中東鐵路發生了一場衝突，此事的主謀是他的父親，所以兒子當然無法「逃脫」了。

他對之既懼怕又反感的王明則更明確地表達了他認為解決中東鐵路衝突的最好的辦法，那就是「中國工農兵以武裝暴動驅逐在華的一切帝國主義勢力，推翻中國國民黨各派的統治，建立工農兵代表會議（蘇維埃）的制度」。

在軍校學習的這最後的日子裏，他過得很不自在，眼看著同學們一個個登程前往新的工作崗位，充滿了希望和歡樂。而他呢？他在中共派駐共產國際的代表王明的嚴密控制之中。王明還記得1928年因為「江浙同學會」一案未能得逞而遭到的那個「失敗」，這個仇不能不報，所以他對葉利簡羅夫分外忌恨，時時提醒人們：「別忘記，蔣經國是蔣介石的兒子！」

蔣經國非常明白自己的處境，他知道，王明等中共黨員對他日益仇視，感覺得到，「他們嚴格限制我的舉動，有時甚至剝奪了我的行動自由。」他沒有辦法，回國不成，工作無著，連生活費也成問題。一連兩個月無所事事，無人理睬他，周圍沒有人肯向他伸出哪怕是同情之手。

在這些日子裏他唯一的去處是小中國餐館，在那裏吃飯便宜，尤其令人欣慰的是可以聽一聽中國同胞說中國話，看一看中國人，總可以聊解鄉愁。

他想加入紅軍，同樣遭拒絕！

一次偶然的機會他來到史達林的故鄉，葉利筍羅夫感到十分慶倖，因為他在史達林的舊居見到了一位慈祥的老人，她就是領袖的母親。老人看見有中國人前來，表現出特殊的熱情，對這個異國青年分外和氣而關切。她詢問他的年齡和來到蘇聯的時間，兩人談得很投機。老人說到自己的兒子時愛憐之情溢於言表：「父母一定是愛子女的，子女也應該愛父母，不愛父母的人，無論如何不能使人敬佩。我的兒子，雖然為國家大事很忙，可是還是常常來此看望我。」

　　葉利筍羅夫把這位老人的話記在心間，寫進日記。不知道是命運的安排還是巧合，這次參觀不僅使他想起母親而且使他想起父親。這位慈祥的老人首先是一個母親，其次才是一個偉大的母親。他，葉利筍羅夫呢，不，他是蔣經國，是母親用乳名親切地呼之為建豐的那個人，他又何嘗不想念自己的母親、又何嘗不想念父親呢？

　　參觀團結束訪問後回到莫斯科，葉利筍羅夫因為旅途勞頓心情壓抑突然患了重病，昏迷不醒，於六月十二日住進了醫院。

　　由高燒引起的昏迷狀態一連持續了三四天，他不時說些胡話，不省人事，直到第四天才蘇醒過來。幾天的高溫，有時達到四十度，他的體力嚴重消耗，不能起床，不能活動，過了七八天才勉強自己起來洗漱。

　　六月二十一日他午休後醒來，一個俄國同學來看他，這給他帶來很大的安慰。後來不少俄國同學前來看望他，倒也解決了他病中的寂寞。令他難過也令他清醒的是沒有一個中國同學來看望過。

最後他被分配到電氣廠當工人，並經常開會，葉利簡羅夫去的狄納莫電氣廠位於莫斯科郊外，工廠裏共有一千八百多名工人，這是一個製造電車發動機的大工廠。

每天要乘電車上下班，剛開始時覺得很新鮮。葉利簡羅夫到工廠後被分配到第十八車間第四組，組長是一個二十一歲的工人，葉利簡羅夫就在他的手下當一名學徒，學的是鉗工。

那時正是蘇聯人民為第一個五年計劃的完成而努力拼搏的年代。在一次會上，他深有感觸地聽完了每一個人的發言，他認同了人們的觀點和情緒，這一天他過得非常有義意，直到多少年後他還記得這天總經理把自己的麵包分一半給他的那個情況。

原來這天的會開到很晚，早過了吃飯時間，可會場上安靜如初。會後他到食堂去吃晚飯，按照規定，麵包是要自己用按定量領的票從外面買了帶來的。他這天早晨沒有買到，此刻只好坐那裏吃湯和菜。總經理辛可夫看見這番情景，便走過來把自己那份麵包分了一半給葉利簡羅夫。普通人之間的互相關心和友情是十分寶貴的，葉利簡羅夫的一聲謝謝遠不能表達此時此刻的感受。下午的會和人們的發言加上這一塊麵包使會議的效果增大許多倍。

吃完飯已經七點五十分了，他還要去夜校上課。本來可以坐一站電車，為了省下一角錢，他與總經理告別後就跑著上課去了。

一次他在工作時突然感覺頭暈，眼前一片昏黑，等他醒來時發現自己躺在一張潔白的病床上接受輸液。

中午，不到開飯時間，胃就早早地發出「信號」，要求「補給」。吃飯的汽笛聲對於所有的人都一樣親切，有的工人戲謔地稱之為「救命汽笛」。工人們隨著久已盼望的汽笛發出第一聲

響，就飛快地沖向食堂，那場面使人想起攻打冬宮的情景。

葉利箚羅夫的月工資是四十五盧布。除去吃飯，他幾乎根本就沒有剩餘的錢可用。剛剛進廠的時候，他一方面要應付工作，要學習做鉗工，另一方面還要熟悉和設法習慣工廠的生活。在全蘇聯上下一片熱烈的社會主義勞動競賽的氣氛之中，他和所有工人一樣廢寢忘食地工作，他所在的車間與第十四號車間訂立了競賽條約，條件是：

一、百分之百地完成生產計畫；二、產品質量要得到優等獎證書；三、降低成本，節約能源；四、積極參加社會工作；五、每人每月至少要提出一條合理化建議。

葉利箚羅夫的個人對手是波得洛夫。

為了完成生產指標和取得優勝，他們有時候一天要工作十個小時。兩個月以後，評選委員會進行了評定，葉利箚羅夫他們那個小組取得了優勝，委員會發給他一面紅旗，外加一張皮鞋票。

當時，蘇聯經濟在嚴格的中央控制之下，即所謂的計劃經濟。但中央有能力控制市場並沒有能力保證市場的需求，各種物資奇缺。皮鞋之類的日用品全是憑票購買，沒有票，用多少錢也買不到。葉利箚羅夫得了這張票自然喜出望外，可哪裡有錢去買呢？他拿著這張皮鞋票，愛不釋手，一連多少天，總想靠省吃儉用節約一點錢，好去買一雙令人羨慕的皮鞋。眼看著票的期限快要到了，還有兩天就要失效了，他才戀戀不捨地把這張來之不易的票給了別人，最終也沒能如願——置辦一件「奢侈品」。

樸實的工人之間本沒什麼敵意，他也沒有感覺任何來自俄國

工人方面的歧視，反而越來越得到工人們的信任，所以到工廠沒有一年就在工人中小有名氣，廠方的管理部門決定提升他為生產管理委員會的副主任。

但是，他卻未能上任。他並沒意識到自己時時刻刻都在中國共產黨駐共產國際代表團負責人王明的牢固控制中。

一九三一年十一月王明回到了莫斯科，王明在中國登上中共中央政治局委員的高位後，回到莫斯科擺出一副不可一世的樣子，像是一個功臣，又宛如一個載譽歸來的常勝將軍，從那時起他就是中共中央派駐共產國際的代表了，在紅色麥加，對於中國共產黨的事務，只有他說話算數了。

這樣一來，那些善於鑽營的人就自然認為時機已到，應該是努力在王明手下站住腳根。加上蘇聯共產黨和共產國際按照階級鬥爭的理論對人們進行的教育，一些人自覺自願地把革命利益放在第一位，所以葉利簡羅夫在某次會上抨擊王明的話很快就傳到了這位佼佼者的耳朵裏。

王明還記得兩三年前自己因「江浙同學會」而敗北那件事，此時葉利簡羅夫居然敢「雞蛋碰石頭」，他要給這個反革命魁首的兒子一點顏色看看。

首先，他通過共產國際向蘇聯共產黨有關部門表示了「中共中央駐共產國際代表團」的意見，認為像葉利簡羅夫這樣的人絕對不能擔任工廠任何一級的領導職務，無產階級不能向反革命分子的兒子交出一絲一毫的權力，從而建議工廠撤銷對葉利簡羅夫的推薦，不再提名他為生產管理委員會的副主任。

工廠裏的領導接受了蘇聯共產黨的意見，葉利簡羅夫繼續在

工廠裏當一名工人。

　　處處都有主持正義的人，工廠裏的一位負責同志有一天在工廠吃午飯的時候悄悄地把這事的原委告訴了葉利箇羅夫，並且提醒他注意他的「同胞」王明同志。

　　葉利箇羅夫起初還暗自慶倖：謝謝上帝，他葉利箇羅夫還能留在工廠裏，不當副主任也罷，他還可以有時間繼續到夜校去讀書。

　　誰知，好景不長，王明還有更厲害的一著棋。

　　王明制裁葉利箇羅夫的第二個手法就是建議把他送到接近北極圈的阿勒泰去開採金礦。

　　葉利箇羅夫聽到這個消息後又高興又恐懼。高興的是他終究可以離開王明，遠遠地離開他；恐懼的是阿勒泰那裏終年積雪，冰天雪地，他的身體可能很難適應，從這一層考慮，最好還是留在莫斯科，這樣還可以完成技術學校的課程。至於說王明的「權威」，那反正是逃不開的，王明隨時可以通過蘇聯共產黨「搖控」他。

　　葉利箇羅夫決定爭取留在莫斯科，他向共產國際表明了自己的要求。共產國際與王明幾經磋商，最後，王明還是占了上風，拒絕了葉利箇羅夫的要求。

　　一次，他由於無事可做在街上徜徉，看到了大學時的同學弗拉基米爾‧納西洛夫，後者是講師，不久前剛從故鄉——莫斯科附近的農場回來，他向蔣經國介紹了農村的情況，說那裏的農民「度日如年，收成不好，可是政治熱情卻極為高漲——集體農莊是在不堪忍受的痛苦中誕生的。」

他告訴蔣經國，蘇聯共產黨已經決定派兩萬五千名布爾什維克到農村去「執行黨的指示」，也就是說，要他們前去貫徹執行蘇聯共產黨關於農業集體化的決定。被迫游離於社會之外的蔣經國認為這或許是一根救命稻草，至少可以不到冰天雪地的西伯利亞而留在莫斯科近郊。在不幸之中他也還算是幸運的——蘇聯共產黨和共產國際開恩了，允許他到莫斯科郊區去。

這樣葉利箭羅夫得救了，他沒有被流放到北極圈——把他派到農村工作隊去了。

如果說，葉利箭羅夫在工廠的見聞已經使他很好地瞭解到普通工人的生活，那麼到了農村後，他則開始理解什麼是真正的俄羅斯，什麼是真正的俄羅斯農民。

不言而喻，生活在真正的俄羅斯農村，他自己過的也是一個貧苦農民的生活，他的生活甚至比農民還要苦，有幾天幾乎到了沒有棲身之處而風餐露宿的境地。

他把自己僅有的那點行李打開，從屋子裏搜集了一些碎紙和乾草——這就是褥子了，好在他並不是豆莢公主。

科利亞（百姓對蔣經國的稱呼）蜷縮在自己的「新床」上，想母親，想莫斯科，想未來。

夜安靜得出奇，沒有人聲，沒有狗吠，偶而遠處有馬蹄聲傳來又消失在黑夜的寂靜中，饑餓和寒冷使他無法入睡。

這一天特別難過，他竟然沒有去吃午飯，餓著肚子幹了一整天。科利亞回到自己的「賓館」，沒有水洗臉洗澡，沒有燈，沒有火，只有家徒四壁加上八方來風，他隨便吃了一點東西就和衣睡下了。一天的勞動之後，這片安靜的稻草地面上成

了他的避風港，使他得到休息，給他不小的安慰，他看著別人家的炊煙，那燃燒柴草的氣味此時此刻讓他十分羨慕——在一天的勞動之後，別人還有一個屬於自己的天地，自己的角落，一家人粗茶淡飯，畢竟能夠欣享家庭的溫馨。這麼想著想著就墜入了夢鄉了。

半夜，他迷迷糊糊聽見有人叫他，不知道是夢抑或是真的有人，翻了個身又睡去了。

「可憐的孩子，白天太勞累了⋯⋯」半睡半醒之中他聽見一個慈祥的老婦人在自言自語地說。

「科利亞，醒一醒，不要在這裏睡了，快起來，跟我走吧」。這聲音似乎就在身邊，他睜開眼睛，黑夜中只見一個身影在旁邊，就趕緊坐起來。就著門外透進的微光科利亞看見坐在他身邊的就是白天在地裏為他打抱不平的那個大嬸。

「啊，是您。」

「是我，叫我索菲婭大嬸吧。小夥子，快起來，起來，跟我走，到我的家去，我家裏也不是什麼好房子，比你這裏可好多了，這哪裡是人睡覺的地方？」

「謝謝您，索菲婭大嬸，今天我太累了，就在這裏睡吧，明天我再去您家。」科利亞不知道為什麼感覺到一種莫明其妙的恐懼，索菲婭大嬸慈祥的聲音不是這恐懼的來源，或許是那些道聽塗說的傳聞在起作用，索菲婭大嬸一片誠意，還是堅持：「你不要害怕我，我不會傷害你，為的是你的健康，你睡在這裏是要生病的。快快隨我走吧」。

科利亞的全部財產也不過一隻小箱子和幾本書，還有30個盧

布。他馬上收拾好自己的那點可憐的行李，隨老人走了。

幾分鐘後兩人來到索菲婭大嬸的草房，一股溫暖的家庭氣氛向他襲來，此時此刻煮土豆的香味遠遠勝過任何山珍海味。他情不自禁地像個饑餓的孩子，聞到食物的香味時下意識地咽下了一口口水。怕索菲婭大嬸看在眼裏，他趕快轉過身去，把手中的行李放下。

「科利亞，這個床就是給你準備的。」索菲婭大嬸指著另一個小房間裏的一張已經鋪好的床對他說。

「謝謝，索菲婭大嬸，那我就把行李放到那張床上吧。」

安置停當後，科利亞就想趕快睡下，儘管胃正在向他發出信號。細心的索菲婭大審對他體貼入微，早已經為他準備好了「夜宵」。

「孩子，不要著急睡，先來吃點東西。」

這真是雪中送炭！科利亞大口小口地吃了幾個土豆和一碗菜湯，美餐之後香甜地睡著了。

第二天，大約四點多鍾，天剛剛放亮，他就起來了，他一個人到了地裏，練習耕田。等到農民們按正常時間上工，看見他在那裏滿頭大汗地幹活時，許多人開始改變對他的態度，也有個別人還在語氣中透出譏諷：「耕地不像吃麵包那麼容易吧。學著點，活到老，學到老，好好幹吧，小夥子。」

在田間休息的時候，他聽見農民們講些可怕的事，真假難辨，一個比一個聳人聽聞。無非是哪個村子裏某人的牲畜被強行拉走了，哪個村子裏什麼人殺死了工作隊員，哪個地方農民把自己的糧食埋了起來等等。言談話語中流露出對農業全盤集體化的

不滿。有人則旁敲側擊地有意說給科利亞聽：「那個沃洛加還以為我們好惹呢，他覺得他是什麼中央代表就能把我們嚇住了，我就是不交出我那頭大馬，他沒有辦法，走了。」

　　到一九三二年底蘇聯國內的形勢已經表明，以唯意志論為動力的烏托邦計畫，就像一個發了狂的馬車隊，在它載著被煽惑起來的善良的窮苦人，駛向不可知的空想和虛幻的美好未來的路上時，遇到了不可逾越的鴻溝。可駕車的人不讓停車，於是走在前面的就車翻人亡。不久葉利箚羅夫被調回莫斯科。

配發改造遭流放

葉利箇羅夫回到莫斯科後面臨的是這樣一種局勢。

這時的他具有雙重「罪名」：一是他的身份——蔣介石的兒子，他應該為父親的反共「負責」；二是他過去參加過托洛茨基派別組織，不管怎麼說，他已是有「前科」的人了。對他回到莫斯科之後的安排起決定作用的，則是中國共產黨駐共產國際的代表王明。為了向國際共產主義運動的黨參謀部表明他王明對反革命頭子蔣介石的仇恨和他在國共鬥爭中的鮮明政治立場，他建議共產國際把蔣介石的兒子發配到冰天雪地的阿勒泰去，這樣一則可以為蔣介石留下一條根，二則可以利用他的兒子當人質，讓蔣介石明白，如果他一意孤行反共到底，那麼他的兒子就⋯⋯

如此這般，蔣經國回到莫斯科後又落入了「如來」的掌心。

終於又有了新的「判決」，他一言不發，等待著發落。

「這次我們讓你自由選擇，你願意到什麼地方都行。」這話和態度實在出乎他的意料，他索性說出自己的想法：「我想回到中國去，我很想念我的母親。」「這不是我能夠決定的，我只有權力決定你在蘇聯的去向。」

「那還有什麼辦法？有什麼選擇可言？在蘇聯我孤身一人，到哪裡都一樣。」

「那好吧，你就到烏拉爾地區的斯維爾德羅夫斯克去吧，暫時先這樣決定。至於你的去向，我們還要同各方再商量，現在你就先準備上路吧，以後有什麼改變我們會隨時告訴你。」

「審判」結束了，他還是要離開莫斯科，可幸的是還沒有被發配到北極去。

王明就這樣贏得了第一個回合，葉利箚羅夫成了他的手下敗將。

到了斯維爾羅夫斯克，葉利箚羅夫才知道，原來王明給共產國際和蘇聯共產黨寫了一封信，這封秘密函件說：「最好把蔣經國調到西伯利亞的雅庫特或阿勒泰地區，讓他在離莫斯科幾千里遠的金礦裏工作。但千萬不要讓他到遠東去。」蔣經國明白，遠東對於他王明來說是「天高皇帝遠」，而且那裏還有很多華僑，在日本帝國主義侵略咄咄逼人的情況下，不管華夏大地還是世界上任何一個角落的炎黃子孫都一樣地在憂國憂民，他們都希望以蔣介石為首的中國政府能夠領導中國人民抵抗日本侵略。另外，王明還有另外一個十分污濁的心理，他知道，中國共產黨的許多優秀黨員如吳玉章、瞿秋白等都經常在那些地方出沒，在華僑中開展工作，這些黨員恰恰是王明特別憎恨的，他怕葉利箚羅夫會與那裏的正直人士聯合起來，那樣他王明就無法控制葉利箚羅夫了。

嚴寒的天氣，艱苦的勞動，尤其是極度壓抑的心情，使葉利箚羅夫患了重病。他臥病在床長達一個月之久。

葉利箚羅夫病癒出院後，說不清楚是哪個上級的決定，被派到阿爾泰山區改造。從斯維爾德羅夫斯克出發，帶著他那只早已破爛不堪的箱子，托著大病初愈的軟弱的身體，葉利箚羅夫被押著上了火車，經過幾天幾夜坐在悶罐子車裏的旅行，到了阿勒泰的一個礦區，冰天雪地，沒有人煙。

首先投入眼簾的是礦區外的鐵絲網，看上去就像一個無所不包的天羅地網，用它「包圍」住這些「罪犯」可謂萬無一失。礦區的地形也很有利於看守犯人：這裏幾乎是一片不毛之地，再加上一年中約有半年被冰雪覆蓋，即使那些膽大的逃跑者也難耐冰天雪地上酷寒，最後只有凍死在逃跑途中。葉利簡羅夫走著，非常疲勞，他想起了去若科沃科時的情景，那時候還有馬車接迎，此時接迎他的是茫茫雪原。他和他的「保護神」走在這片雪原上猶如到了世界的盡頭，寒風凜冽，呼嘯著，他們在雪地裏艱難行進了約兩個小時，終於在這個世界的盡頭看見了緩慢活動的人影。

　　走近礦區時，第二個進入他眼簾的場面就是看守人——他們沿著鐵絲網密密地分佈著，一個個荷槍實彈，高度警惕地注視著周圍的一切動靜，葉利簡羅夫這時候清楚意識到自己的身分。

　　礦區到了，押送他的人把他交給了礦上的負責人，就走了，葉利簡羅夫被編在政治犯那個分隊裏。

　　艱苦的勞動改造開始了，犯人們睡的是通鋪，沒有床，一間很大的房子裏約有二十多個人。睡在他右邊的是一個年輕人，莫斯科大學二年級的學生，叫加利克，左邊的是一個工程師，原來曾在頓巴斯工作，叫連斯基。

　　第一天晚上就寢時，加利克見看守已經離開，就問葉利簡羅夫：「你是中國人還是朝鮮人？」

　　「中國人。」葉利簡羅夫回答。

　　「什麼罪？」

　　「不知道。」葉利簡羅夫真的不知道犯了什麼罪，為什麼要到這裏來和蘇聯的政治犯為伍。

「奇怪，不知道自己犯了什麼罪？我們這裏的人都知道自己的罪名。」那人也的確很好奇。

一會兒看守回來了，這未了的談話就此中止。看守聽見有人說話就來干涉。他的鄰床一天勞動之後很疲勞，自言自語地說：「好了，睡覺，離墳墓又近了一天。」他無可奈何的話語就讓葉利箇羅夫大吃一驚。這樣年輕的一個人就這樣悲觀，如此無望。

「好了，睡覺吧，離獲得自由又近了一天。」是左邊的連斯基帶著期望的感歎。

每天天剛亮犯人們就起床，先去礦井工作兩個小時再回來吃早飯。

犯人們對這個新來的中國人表示了特殊的興趣，不管監視多麼嚴密，他們總找得到機會聊天。有一天在向車中裝礦沙時，一個叫日可夫的青年趁看守不在場，就對葉利箇羅夫說：「葉利箇羅夫，請你看一看那個裹著紫色頭巾的姑娘，就是那個高個子，在車右邊，她叫達莎。」

葉利箇羅夫看見一個臉色蒼白的女孩子，她還特別年輕，一雙大眼睛裏透出不可遏止的怒氣，葉利箇羅夫不禁為之一驚。日可夫顯然發覺了葉利箇羅夫的驚奇，便說：「你好像發現了什麼吧？」「是，她好像隨時準備復仇，你看那雙眼睛……」看守來了，這段談話遂告結束。

北國之冬天來的特別早，剛剛九月就已經大雪紛飛了。

白天，葉利箇羅夫和他的難友們在深深的礦坑裏為蘇維埃「祖國」挖掘金礦。晚上天黑了收工後才回到地面上來，偶而白

天在地面上見到太陽，他們會感覺不習慣，太陽如此明亮！

　　九月底的一天，葉利筍羅夫和加利克二人奉命在看守人的房子裏抄寫一些什麼表報，那位工程師則在描一張什麼藍圖，三人難得有這麼一次機會不下礦坑，而從事一點略為輕鬆些的「腦力勞動」，連斯基居然還能夠操起他曾經如此熟悉、有著特殊感情的繪圖尺，這真是莫大的享受！

　　這一天，他們三個人都不太疲勞，晚上有比平時更多的精力聊聊天，反正是苦中作樂吧。

　　晚飯後三人坐在床上，他們沒有別的地方可去，外面北風呼嘯，鵝毛大雪紛紛揚揚。此刻有這四面牆和房頂的庇護，總算有一個藏身之地，比森林裏蟄居的野獸強多了，況且還可以不必自己外出覓食。

　　那已經是十月份，溫度降到零下四十度。沒有足夠的營養，吃不飽飯，工作非常重，常常會有人因為凍餓和過分繁重的勞動而死在礦井裏，儘管人們希冀著美好的未來，可是日子太難過了！有一天晚上，一個年紀只有三十歲的年輕人被叫去掩埋某個死者，死者是剛剛從礦井裏被抬上來的，身上衣服已經破爛不堪，年輕人要求看守拿一塊乾淨的白布來。本來這是一件很合理而且容易的事，過去也都是這樣做的，可這一天看守無論如何不肯，還特別粗魯地說：「見你他媽的鬼去吧，人都死了，還蓋什麼，你死了還知道冷熱！」

　　這一下激怒了所有人，看守的話一經出口立即點燃了「犯人」們心中早已壓抑的怒火，下工的人們朝著看守沖了過去，連打帶罵，有一個人很聰明，急忙把電話控制起來，幾個看守無法

求援，聯絡中斷了。就在這裏互相撕打的時候，遠處響起了警報，很快還聽到了槍聲，人們都明白，又發生了越獄。

葉利箚羅夫和教授，以及所有的人一樣，都在重軛之下等待著自由的來臨。也許因為他身上有蔣介石的血，他又從地獄邊上走回人間。

葉利箚羅夫是幸運的，他盼望中的這一天來得好像比別人早一些。也許是因為他勞動「表現」好，也許是什麼人想起了他，認為他會有什麼用處……反正他到礦上還不到一年，就可以離開了。

他對這裏的那些正直的人，那些在重壓之下，保持著人的美德的高尚的人們，產生了戀戀不捨的心情。

「今天是我們在這個礦上最後一次做徹夜交談了，」加利克不無憂傷地說：「葉利箚羅夫，你離自由近了一步，我離死亡近了一步。」小夥子還是那個口頭禪。

「想來我們離自由也近了一步。」連斯基不無戲謔地說著他愛用的那句話。

「我捨不得離開你們……」葉利箚羅夫說不下去。

這一夜他們並沒有徹夜長談，三個人輾轉反側，不能入睡。

第二天早晨，葉利箚羅夫雖然非常高興可以離開像地獄般的礦井，卻情緒激動得說不出話來。一張張熟悉的面孔，此時表現出十分複雜的情感：羨慕、戀戀不捨、不解……

「請多保重！再見！」

沒有人前來送行。

葉利箚羅夫拖著疲乏的身軀和一條破舊的毛毯，徒步離開了

礦井。

　　他一個人穿過樹林，踏上一條小徑，朝著未來——吉凶難卜的命運走去。不到半小時，礦場已經消失在白雪覆蓋的樹林中了。他，踽踽獨行，思潮起伏，一種莫明其妙的失落感使他陷入了極度悲哀與孤獨之中。

　　他在雪地裏走著，走了足有三小時，已經是午飯時間了，遠遠地看見一個農村的小房子，如果有錢，他就能央求那裏的主人賣一點東西給他充饑。可是身上的錢只能購得一張到斯維爾德羅夫斯克的火車票，用什麼去買吃的東西……

　　「最多不過一死！」他這樣想著，深深地歎了一口氣。

　　又過了約一個小時，終於走到了一個小火車站，掏出身上僅有的錢買了一張到斯維爾德羅夫斯克的票，那是一九三三年十月份。

　　他原來已經看見並且到了世界的盡頭，真正處於山窮水盡的地步。可是天無絕人之路，他自己也不知道如何會又從世界盡頭忽然間會出現柳暗花明。他在烏拉爾重型機器製造廠葉利箇羅夫離開阿勒泰流放地後，按照上級安排到了斯維爾德羅夫斯克，進了烏拉爾重型機器製造廠，當上一名技師。認識了俄羅斯女郎法伊娜・瓦赫列娃，從而為蔣氏家族那段耐人尋味的「中蘇結合」的異國姻緣譜寫了美妙的序曲。

　　他本來可以平靜地過一個普通俄國人的生活，然而又是他的特殊身份使他總處於一種看不見摸不著的控制網之中。這網有時候保護他，有時候傷害他。這個網是由共產國際、蘇聯、中國共產黨駐共產國際代表團共同組成的。

葉利簡羅夫到了工廠，沒有幾天，他的輕鬆感就消失了。工廠裏的一切，都使他想起了中山大學時期王明對他控制和那個《訓練工作指導綱要》，他不寒而慄。

這自有其緣，到了工廠以後他看出，工人們不僅為貧苦的生活十分痛苦，而且精神壓抑，人人自危。

有一個數字給他留下很深刻的印象：史達林要求在一年內工業增長百分之五十，可實際只增長了百分之十。再遲純的人也能想像「階級敵人」具有多麼大的能量，他居然能使黨的計畫落空。奇怪的是，不管官方的傳播媒介如何保密，史達林妻子自殺的那個日子——一九三二年十一月十五日倒是特別準確的。人們說，那天史達林夫婦在莫洛托夫家吃晚飯，在座的還有政治局的一些委員，席間討論的是蘇聯共產黨的重大政策等問題。阿利盧耶娃把她長時間來積存在心中的話講了出來，她真誠地表示，面對波及全國的大饑荒和人民的不滿情緒，面對由此而來的黨風的惡化和黨員幹部的道德敗壞，黨應該馬上採取果斷措施，予以糾正以保持黨的戰鬥力。本來神經已經很緊張到極點的史達林聽了這些話火冒三丈，他當眾羞辱她，把她狠狠地訓斥了一頓。阿利盧耶娃離開了餐桌，莫洛托夫的妻子花了很長的時間勸她。第二天早晨，史達林發現他的妻子死在她自己的臥室裏。

史達林是反不得的，對他的決定只能是服從和執行，理解的和不理解的都要執行。

葉利簡羅夫越聽越覺得形勢的複雜，越聽越覺得，這裏的氣候並不比阿勒泰礦井那裏柔和，在這樣的形勢下稍有不慎就可能到阿勒泰「二進宮」。阿勒泰——它真是令人談虎色變，就這

樣，他又隻身來到一個新的環境裏，獨在異鄉為異客了。

　　說起來，葉利箌羅夫也很幸運，他參加了蘇聯第一個五年計劃的建設，從一九三三年起蘇聯開始實行第二個五年計劃，這是史達林為「解救」俄羅斯和他的人民而採取的重要步驟。

　　不過從歷史的角度說，俄國並非只有「挨打」的過去，它還有另一方面的歷史，和很富蠱惑力的記載：俄羅斯的祖先如何擴充邊境，不斷「發現無主的土地」。

　　事隔五年之後，他發現宣傳媒介中多了一個新的調門：民神合一的領袖形象是天賜的，不容懷疑的。倘有反對派再「斗膽」說什麼要放慢建設速度，他就可以利用這面民族主義的大旗去把他們制服，倘若他們不服，那就要背上反對國家民族繁榮昌盛和延緩世界革命進程的罪名。

　　居住條件，因為煤炭的不足，他們的住房裏不能保證供暖，夜裏屋子裏會結冰。冰天，幾乎每天早晨起來，桌子上的茶杯都冰成「冰激凌」，為了洗漱方便，葉利箌羅夫他晚上就把一個杯子放在床上靠近枕頭的地方，以備第二天用。由於室內溫度很低，晚上下班回到宿舍後他不得不穿著大衣戴著皮帽在屋子裏做事，行動很不方便。

　　學習，他希望多學習一些東西，以更好地應付工作，一個星期有四天要到工廠的夜校去讀數學、物理、化學等功課。一天的勞動已經使他精疲力盡，晚上再聽課有時候真是負擔。

　　工作，每天早晨七點半，工廠的汽笛拉響，那是叫工人們起床的，葉利箌羅夫身為技師，擔負著他所在的第一車間每天的生產準備、組織與分配工人工作的任務，他不得不比別人早一些到

達車間，一般他總是早半個小時到達。

那時蘇聯工業剛剛起步，這個烏拉爾重型機器製造廠裏雖然是國家級重點專案，可是生產組織十分混亂。他的車間面積很大，機器非常多，但是都亂七八糟地堆在那裏，有一些機械是新從德國運來的，還沒有組裝。但是上級的生產任務已經下達，為了儘快使機器運轉起來，葉利簫羅夫要同許多部門打交道。到了月底，生產計畫完不成，葉利簫羅夫首當其衝會受到批評。

他憑著自己為社會主義建設的熱情，和對工作的高度責任心，很快就得到了工人們的認同。在烏拉爾重型機器製造廠工人們的眼裏他成了「自己人」。這對於一個異國青年來說是十分值得欣慰的，他在蘇聯工業建設中的拼搏開始為他樹立良好的形象，同時也開始減少他「獨在異鄉為異客」的感覺。

俄羅斯女性與中國女性文化背景和思維方式大相逕庭：俄羅斯女性很坦率，一個女孩子如果對某一位異性產生愛慕之情，她就會主動地向他表示，並不認為這有失女性的尊嚴。葉利簫羅夫也遇到過不止一次這樣的少女，但是他從來沒有動心過。在他夜校裏的同學裏，只有一個叫法伊娜・瓦赫列娃的少女引起他的注意，可是他一則沒時間同她接近，因她在另一個車間，二則，未婚青年男子羞怯也一直使他未曾啟齒。兩人只有往返夜校的路上匆匆相見，有時在工廠裏偶然相遇，打個招呼，日間相見三兩時，不得深談，只留得絲絲心語聲，供人回味。

燦爛一笑見真情

　　在一個十分寒冷的冬日，葉利箇羅夫得知週末的晚上工廠裏將有莫斯科歌舞團的演出。他早已盼望能有機會一睹這譽滿全蘇的一流藝術家們的表演。工廠的大禮堂裏坐滿了人，葉利箇羅夫知道，俄國人是一個很有教養的民族，他們把上劇院，聽音樂會等視同節日，一般都盛裝前往。下了班之後，他也回到離工廠僅只三分鐘遠的宿舍去換衣服，打上僅有的一條領帶。

　　他進禮堂時，早已經坐在那裏的他夜校的同學們在向他招手：「科利亞，到這裏來，還有地方。」是一個年輕的男工人。

　　「葉利箇羅夫，我們這裏給你留了一個位子」，是那個男工人旁邊的姑娘們。

　　他飛快地掃了一眼叫他的人。在這些說說笑笑的人中他看見了法伊娜，她正在同鄰座的姑娘津津有味地說些什麼，根本沒有注意他的到來，他下意識地朝著這些「同學們」走去，被安排在法伊娜旁邊。

　　「你好，瓦麗婭，你好，法伊娜！」他同左右的人打招呼。「瓦麗婭，你今天很漂亮，方才我都看不出是你了，這件毛衣使我們禮堂蓬蓽生輝。」葉利箇羅夫朝左邊的姑娘說。「謝謝，葉利箇羅夫。這是我的姑姑給我織的。」瓦麗婭燦然一笑。

　　「法伊娜・瓦赫列娃，」他自己也不知道為什麼對她說話時用了這麼正式的稱呼，讓人聽起來顯得生分。可他卻好像怕無意中碰傷了自己珍藏的聖物，所以特別小心地叫出了她的名字，

「你的髮型太美了。」

法伊娜‧瓦赫列娃低下了頭，近似低語地說了聲「謝謝」便垂下了明亮的眼睛，不知道是為這讓人感覺生分的稱呼，還是被她早已盼望的人的到來的覷睍而緊張。葉利箇羅夫聞到她身上香水的誘人氣味，看見她低下了頭，他越發覺得在那羞怯的目光和泛著紅暈的面頰上，正向他全表露出動人的嫵媚。她那副姣好的少女神態，使他不知道該說什麼好。他呆呆地坐著，用迷蒙的目光看著遠方。好像在尋找和習慣他似曾相識但實際還十分生疏的感覺。

葉利箇羅夫和法伊娜浸沉在美妙的夢幻之中，多麼難得呀，外面天寒地凍，舞臺上卻宛若仙境。他們二人都有「我欲乘風歸去」的感覺。熱烈的掌聲把他們從夢幻中叫醒了，顯然觀眾為這個節目傾倒，那掌聲一陣高過一陣，演員們光謝幕顯然已經不夠了，便又加演了一個節目才算平息觀眾席上的掌聲。

當一個小丑在臺上表演滑稽節目的時候，大廳裏一片笑聲。法伊娜‧瓦赫列娃笑得眼淚都出來了，她看了看葉利箇羅夫，不好意思地揩幹了眼淚。

「太可笑了，是嗎？」葉利箇羅夫也笑著對左右兩位女士說：「這個演員可以得獎」。瓦麗婭說：「是的，他真是天才。」葉利箇羅夫點頭。

「你也喜歡這樣的節目？中國有嗎？」是法伊娜‧瓦赫列娃的問題。「中國有，不過風格不一樣。什麼時候你如果到中國去，我一定請你看我們中國的滑稽戲。」

不知道是說者有意還是聽者有心，反正這句話是言中了，後來，她果然「到中國去」了。

晚會結束了，他們走出禮堂。「多麼美好的一個晚上，真捨不得離開。」葉利箚羅夫說。「好吧，再見，姑娘們！」他握著瓦麗婭的手說。

　　「再見，葉利箚羅夫！」法伊娜‧瓦赫列娃也向他伸出了手，在那短短緊握手的瞬間，他感覺得出來，她的手在輕輕地顫抖。

　　回到宿舍之後，葉利箚羅夫由於興奮久久不能入睡，他回想著晚會上每一個節目，回想著《五月之夜》所描寫的迷人故事和那令人陶醉的音樂與佈景上。

　　他好像還能聞見法伊娜‧瓦赫列娃身上的清香，她的音容笑貌不知為什麼總是離不開他的視野。

　　「真捨不得離開……」法伊娜‧瓦赫列娃回憶著葉利箚羅夫的話。「如果以後你到中國去……」──「他指的是什麼？我會到中國去嗎？這顯然是不可能的，他無意中說說罷了。」她這樣思索著，懷著莫明其妙的希望墜入了夢鄉。

　　葉利箚羅夫吃盡了政治鬥爭的苦頭，一度很想平靜地生活，現實告訴他這是不可能的，在蘇聯這樣的國家裏，他的一行一動無不帶有強烈的政治色彩。

　　他在一九三〇年就當了候補黨員，至今已經三四年還沒有轉為正式黨員。就他當時的思想狀況而言，他自然希望儘快轉正。

　　到了烏拉爾重型機器製造廠之後他似乎平靜了一些，因為王明的「魔力」有一段時間沒有來「附體」。

　　從一九三二年三月十七日起，中蘇兩國就開始為恢復兩國外交關係而秘密接觸。蘇中會議中方全權代表莫德惠和蘇聯方面正式代表，蘇聯副外交人民委員加拉罕已經就簽訂中蘇互不侵犯條

約的事在頻繁談判了。那就是說，蘇聯正同以葉利箚羅夫的父親為首的中國政府接觸，兩國關係正處於微妙狀態，雙方都持冷靜的審慎立場。

在中國國內，中國共產黨始終高喊「打倒蔣介石」的口號，並且不斷揭露蔣介石「攘外必先安內」的政策，主張倒蔣抗日。所以蔣介石急於先除掉國內的心腹之患，而他的兵力又不允許他在國內和國際兩條戰線上同時展開軍事行動，所以他不得不在外交上折沖樽俎。

一九三三年三月末，日本侵略軍已經到達中國長城一帶。五月又侵入華北，直逼平津。五月三十一日蔣介石與日本簽訂了《塘沽協定》，設立了冀東非軍事化區，中國共產黨則對此進行了更加猛烈的抨擊。

一九三三年一月三十日，德國總統興登堡任命國家社會黨黨魁希特勒為總理，這是德國公開建立法西斯統治的開始，也是歐洲戰爭策源地形成的開端。

義大利的墨索里尼也在南歐瘋狂地鎮壓共產黨人，迫害進步人士。

東西方的法西斯勢力及其倡狂地侵略氣焰迫使全世界的正義人民考慮，在這種形勢下，應該怎樣行動才能避免東西方法西斯慘絕人寰的暴行，挽救進步人類。

身處世界革命大本營的葉利箚羅夫也許並不瞭解這些重大事件全貌，但是他卻為世界政治局勢的變化而「沾了光」。至少王明不得不考慮，鑒於中蘇兩國外交接觸日趨頻繁，起碼為了「全世界無產階級的祖國──蘇聯」的民族利益，他也應該設法幫助

蘇聯政府爭取與蔣介石合作。這樣一來，蔣介石的兒子那裏就可以先不去觸動，這就是為什麼我們說葉利箌羅夫「沾了光」。

沒有王明等人的干擾，單純應付工作和學習，對於葉利箌羅夫來說還是得心應手的。他有過脫離政治或者盡可能遠離政治的想法，那是為了少找麻煩，阿勒泰畢竟不是旅遊勝地。

然而，現實生活卻時刻把他置於政治之中，因為蘇聯的社會生活──經濟建設、文化藝術、軍隊、員警無不帶上濃烈的政治色彩，其最大的特點是無視或者有意貶低「人」的因素，人的一切都應該為政治服務。

一九三四年的下半年，烏拉爾重型機械製造廠實行了工資改革之後，生產計畫超額完成。

在烏拉爾重型機器製造廠醞釀和進行工資改革的過程裏，葉利箌羅夫聲名大振。這個異國青年人的飽滿工作熱情給人們留下深刻印象，男人們誇他能幹，女孩子們則向他頻送秋波。他呢？情有獨鍾。

在往返夜校的途中，他與法伊娜·瓦赫列娃經常同來同去，可他們從來沒有單獨約會過。不知是葉利箌羅夫膽怯，還是法伊娜·瓦赫列娃羞於啟齒，反正很長一段時間裏他們甚至不知彼此的身世。

有一次，是在周末，葉利箌羅夫在工廠下班之後和工人們一起踢足球，玩得竟然忘記了時間，晚飯時間早就過了，食堂的門緊閉。他不知道怎麼辦，拿起衣服往宿舍的方向走去，已近黃昏了，飄著稀疏的清雪，是一九三四年的第一場雪。下雪時的清冷加上蒼茫的暮色，給行路人一種失落感。看路旁遠遠近近的樓房

已是萬家燈火，他非常羨慕那些有家室的人此刻能同家人在一起共享天倫之樂，該是多麼愜意呀。

望著懶洋洋飄下的雪花，他想起了小時候讀過的那首五言絕句：

綠蟻新醅酒，紅泥小火爐。

向晚天欲雪，能飲一杯無。

多麼溫馨的意境！此刻若能「飲一杯」當然求之不得了，他一個人邊走邊構想著詩中的畫面。

快到宿舍時，他看到一個熟悉的身影遠遠地正向他迎面而來，手裏有一個什麼包裹。這身影使他一怔，定睛一看，正是法伊娜‧瓦赫列娃。他不知道如何是好：迎面走過去，還是趕快躲開。理智告訴他，這已經到了宿舍門口，可以進去了，可是一種發自內心的強烈願望——盡可能快些接近她——卻讓他下意識地轉離了回宿舍的方向而朝著她走過去。

「您好，法伊娜‧瓦赫列娃同志！這麼晚了還下著雪，你怎麼還不回家去？」

「回家，你不知道我就住在我們工廠的宿舍裏嗎？」

「我知道，可那是為了上下班方便，近一些不是嗎？」

「您現在往哪裡去？吃過飯了嗎？」法伊娜‧瓦赫列娃說完就差怯地低下了頭。

葉利箭羅夫透過街燈微弱的光看見她的兩頰忽然間變得緋紅了，她在等待他的回答。沉默加上她嬌嗔的目光象喚醒了葉利箭

羅夫心中正在萌生的柔情，這雪中的邂逅把他籠罩在一圈圈溫暖的漣漪之中，他感覺到輕微的浪正在愛撫她，悄悄地吻一下又羞怯地退去。看不見，摸不著，可它們又無所不在。使他飄飄然，他很快意識到這種感覺的真諦。他走近她，伸出手臂給她說：「法伊娜‧瓦赫列娃，我還沒吃飯，剛剛玩完了足球，過了吃飯時間，我想請您到我宿舍去，然後我們一起去吃晚飯，好嗎？走吧。」

法伊娜‧瓦赫列娃順從地挽著他的手，邊走邊說：「我也沒有吃飯，不過我有些東西，我們可以在您的宿舍裏吃。」

一兩分鐘後他們就到了葉利箇羅夫的宿舍，那是一間典型的獨身男子的住處，散發著一種男人的氣味，看得出來，是未經女性收拾過的。法伊娜‧瓦赫列娃麻利地把屋子裏僅有的一張桌子收拾整齊，騰出了可供吃飯的地方，葉利箇羅夫則一面說著「對不起，對不起……」一面在那裏匆忙收拾自己的床鋪。法伊娜‧瓦赫列娃看見他狼狽的樣子覺得特別好笑，為不使他太難堪，她故意做出漫不經心的表情，只低著頭在桌子上擺放他自己帶來的食物。等葉利箇羅夫收拾好了自己的床鋪，走向桌子，他被驚呆了：土豆燒牛肉還是熱的，香腸、火腿、番茄、乳酪、酸黃瓜、還有酒，簡直不可思議。

「法伊娜，法伊諾奇卡，你準備了盛大的週末宴會！謝謝！」他望著她靈巧的雙手和驟然變得通紅的臉頰。「是誰教給你的，跟媽媽學的吧……」他說著去拿來了兩個茶杯。而她則被葉利箇羅夫忽然間明顯地改變了對她的稱呼——他使用了愛稱，直接呼叫她的名字，只有在最親近的人間才會這樣稱呼而不難為

情。她想著，聽著，為這種親昵有些驚惶失措。

「媽媽？您說……」她不知道說什麼好。葉利箭羅夫覺察了她情緒的變化，但故作鎮靜地斟滿兩杯酒說：「來，為我們的健康乾杯！」「為我們的相逢乾杯！」是法伊娜的回答。

兩個人在這間不大的屋子裏度過了一個愉快的夜晚。已經是十一時了，法伊娜說：「我該走了，天太晚了，姑娘們會等我的。」

「真不想讓你走，法伊諾奇卡。」葉利箭羅夫的語調中透出央求，他戀戀不捨的目光使她也猶豫起來了：「那好吧，我們出去走一走。」法伊娜同樣不願意結束這漫無邊際而又十分投機的交談。

他們穿上衣服走到街上，細碎的雪花依然在無力地飛飄，燈光把一片片雪花照耀得玲瓏剔透，像一個個珍珠片，落在地上發出輕微的沙沙聲。他們緩慢走著，在身後的雪地上印上了兩行清晰的足跡，周圍一片靜謐，他們不約而同地屏住呼吸傾聽著雪花落地時發出的聲音，涼風吹在臉上驅走了他們微微的醉意。葉利箭羅夫把法伊娜緊緊挽住，在那個短暫的瞬間他感覺到她也向他緊緊地依偎過來。

「科利亞，」她也開始用愛稱叫他，「你提到我媽媽，你知道，我是孤兒，爸爸和媽媽都在國內戰爭時犧牲了，我沒有別的親人。」

「請原諒，法伊諾奇卡，我真不知道，我不是有意傷害你，提起讓你傷心的往事。」他忽然停下腳步，把她抱在懷裏說，「不要傷心，法伊諾奇卡，你有親人，我願意作你的親

人，我愛你。」

他把她抱得緊緊地，他想吻她，可她⋯⋯

「不，葉利箚羅夫，我害怕⋯⋯」她把頭靠在他寬寬的胸前，聽到他心臟在激烈地悸動；葉利箚羅夫聞到她頭髮上微微的香味，感覺到她少女的身軀在顫抖。

這是她平生第一次接觸異性，一種似曾相識但又完全生疏的欲望把她置入一種非常強烈的衝動之中，她閉上眼睛，享受這從未體嘗過的快樂；並且極力抑制住自己。

法伊娜那顆少女的心首次被突然來臨的男性的激情攪起愛的初瀾，她欣喜這初瀾的來潮，在他的懷抱裏任憑這微波輕撫，享受著異性身體帶來的快慰。

一陣涼風吹來，他們本能地縮了縮肩，彼此抱得更緊了；葉利箚羅夫敞開大衣，法伊諾奇卡投進了他溫暖的懷抱。

「我真想吻你，法伊諾奇卡。」

「我害怕。」

她微微抬起了頭，燈光照出了她半推半就的表情和含著期待的目光；葉利箚羅夫捧起了她的頭，他的雙唇感覺到她熱烈的回應⋯⋯

不知道過了多少時間，雪已經停了，葉利箚羅夫送她回到宿舍，同她分手了。

回至住處，他依然沉浸在熱烈銷魂的初吻中，好像仍然能感覺到她輕柔的呼吸和婀娜的身體。

「同學會」影伴身旁

「可是她至今不知道我的經歷，她不知道我是蔣介石的兒子。她不能想像去年在共產國際第十三次全會的講臺上王明和許多人講話中號召全世界無產階級特別是中國無產階級團結起來共同打倒的那個人——蔣介石——就是我的父親。如果她知道了，她會離開我，一定會的，我不配愛她，因為我是反革命的兒子。不，我不是反革命……」

他這樣思忖著，可是實在想不出什麼好的辦法向她說明自己的身世，他不願意失掉她。

從那個初雪夜的初吻之後，他們兩人經常幽會，葉利箇羅夫的屋子也變得整齊多了。

可是過了不長的時間，法伊娜就感覺到葉利箇羅夫的變化。有一個週末，法伊娜・瓦赫列娃又來到葉利箇羅夫的宿舍，可是他沒有在，她等了一會兒就怏怏離去了。

「他沒有錯，他們彼此並沒有任何許諾，今天也沒有事先約定。」她這樣自我安慰，可是這樣的情況迭次發生，她不知如何是好。

在工廠裏，她偶而看見葉利箇羅夫，兩人深情地點點頭，似有多少話，盡在不言中。

處於熱戀中的情人是最敏感的，他們能夠察覺對方最微小的變化，她感覺得出來，葉利箇羅夫在明顯地有意躲避什麼，當然首先是躲避她。

他們已經有一段時間沒有見面了，說話間新年將近，工廠裏開始準備辭舊迎新的活動。接近年底，工廠裏的工作也特別繁雜。只見葉利箌羅夫每天匆匆忙忙地在工廠各個辦公室之間奔跑。

法伊娜・瓦赫列娃一點節日前的興奮情緒都沒有，她不知道那一段短暫的相處會有什麼結果？她本能地感覺到葉利箌羅夫一定遇到什麼不愉快的事。在新年晚會上，葉利箌羅夫請她跳舞時悄悄地對她說：「我不敢見你，親愛的，我受到監視。」

「你說什麼，科利亞？」法伊娜實在不解。

「我們近期內不能會面，我非常想念你，法伊諾奇卡。」

「科利亞，我不知道，有什麼重要的事，有什麼不能告訴我的事值得你這樣躲躲閃閃。」

「以後我會告訴你的。」

新年晚會的歡樂氣氛根本沒有感染他們兩人，這個年是在困惑不解中度過的，只有一絲甜蜜的回憶。葉利箌羅夫照舊沒有與法伊娜・瓦赫列娃約定新年假日的會面。

兩人在痛苦與思念中度日如年，兩人都在等待，可等待什麼？誰也說不清楚。

他們的狀況依然是偶然相見三兩時，留得淒淒離別情。

到了春天，融雪天氣，田野裏，道路旁，凡陽光可及地方，一場冬天積雪就化成涓涓細流，散發出春季特有的寒氣，也給人們無限希望。

葉利箌羅夫和法伊娜・瓦赫列娃偷偷的幽會又恢復了，可是他始終沒有勇氣把自己的身世告訴他，葉利箌羅夫每次談話中都讓法伊娜感覺他總是欲言又止。

人們說，氣候和環境有時候會強烈地左右人們的情緒。在一九三四年春天第一個晴朗的日子裏，葉利箇羅夫在工廠看見法伊娜，走近她，用一種抱歉和期望並存的語氣對她說：「法伊諾奇卡，今天晚上下班後我請你吃晚飯好嗎？」

聽到這突如其來的邀請，法伊娜·瓦赫列娃不知為什麼有恍如隔世之感，她幾乎不相信他們兩人還有可能再單獨相見。她不知道說什麼好，就點了點頭。

「我六點鐘在宿舍等你。」

法伊娜·瓦赫列娃又是點點頭：「這是真的？」她情不自禁地問。

「你怎麼了？」

「沒有什麼，科利亞，我六點鐘會準時到你的宿舍來。」

整個這一天她不記得是怎樣度過的，晚上五點下班後，她立即回到自己的宿舍，像所有熱戀中的少女一樣，她希望以最動人嫵媚的面貌出現在戀人面前，並且給他留下最美好的回憶；使他在每次相見後都籠罩在欲醉欲仙的回憶之中，直到下一次見面。他穿了一件紫色連衣裙，想像燈光下那衣服會映射出富有浪漫情調的色彩；外面是一件嫩綠色大衣。

晚上六時整她到了葉利箇羅夫的住處。

「這是誰呀？我不認識了，法伊娜·法伊諾奇卡，真的是春天來到了我的窗前。」葉利箇羅夫驚喜的聲音使她不知所措，他用一種令她感到新奇的目光打量著她。看著這出現在他身邊的綠衣使者，脫下了冬裝，她好像美女下凡，紫色連衣裙緊緊裹著她苗條豐滿的身軀，深陷的眼窩裏飽含著兩泓湛藍的湖水，被他這

樣打量著，她非常窘迫。

「科利亞，能讓我坐下嗎？」法伊娜打破了這令人難堪的短暫沉默。

「對不起，法伊諾奇卡，請坐，我竟然忘記了。」

他們一起到高爾基大街的一家餐館去吃了晚飯，然後沿著莫斯科河散步。在從容地就餐過程中，葉利箚羅夫向她解釋了最近有意回避她的原因，但是她總是感覺到他言猶未盡。同時良知告訴她，他應該還有什麼更重要的事告訴她。所以她很少說話，而更多地聽著。

春風吹在臉上帶著柔和的暖意，莫斯科河上已經見到最初飄落的花瓣，一條小船載著一對情侶在河上遊蕩。葉利箚羅夫剎時間想起了中國的一句唐詩：

風鳴兩岸葉，月照一孤舟。

陣陣微風送來遠處手風琴的樂聲，他們漫步在白樺樹林裏。

「法伊諾奇卡，我有一件事，今天一定要告訴你。我擔心下面我要說的事會對我產生致命的結果，可是我不得不這樣做。」葉利箚羅夫非常沉靜的語調中夾雜著幾分憂傷。法伊娜看了看他，她知道，對於他們倆人來說，那個重要的時刻到來了，他就要把他的身世告訴她了。

「不要說什麼，我都知道了，我知道你的一切，我不想聽任何別的東西，我愛你，科利亞。」她忽然哭了起來。

「你怎麼了，法伊諾奇卡？好了，不要哭，聽我說，我知

道你愛我。你說你知道我的一切，這不對，不可能。如果你真的知道我父親是誰，你就不會愛我了，現在還不晚，我聽從你的決定。」葉利箚羅夫頓時產生了一種輕鬆感，他不必再自己說出父親的名字，但是他錯了，法伊娜並不知道他的父親是誰，她只是憑著直覺認為他父親是中國國民黨的一個官員。

「科利亞，我知道，你父親所做的一切，你不承擔任何責任，你是無辜的。像你父親這樣的人在中國很多，你已經離開中國很久了，你已經接受了蘇聯的思想，你與他們不同。科利亞，我不想聽什麼，我只想知道，這麼多天來你一直回避我，是不是想因為你的父親，因為你受到他的連累而被監視才一度中斷我們的相見？請相信我，不管今後發生什麼事，我都會同你在一起。」她抽泣得更厲害了，眼淚順著她豐滿的面頰流下來，葉利箚羅夫把她抱在懷裏安慰她：「不要哭，法伊諾奇卡，聽我說。」他眼睛望著遠方，好像看見遠在中國的他的父親。法伊娜忽然停止了哭泣，她不想聽他說什麼，她用因激動而略顯蒼白的手摀住他的嘴說：「請回答我，你愛我嗎？」

「我愛你，法伊諾奇卡，愛你。正因為這樣我才不得不把最讓我痛苦而我又不能擺脫的事告訴你。」

「我能夠承受任何痛苦和打擊，我不怕，只要能同你永遠在一起。」法伊娜真心想安慰他，讓他相信她純真的愛情。「不管你父親是誰，這都與我、與你沒有關係。哪怕你的父親是蔣介石，也不會影響我們的結合，你相信我嗎，科利亞？」

她嚴肅地看著他，他一聽到父親的名字就輕輕地顫抖了一下，法伊娜發覺他放在她肩上的手在抖。他自言自語地說：「哪

怕⋯⋯哪怕是蔣介石？如果我的父親真的是他呢？」他終於說出了長久以來想說又不敢說的問題。

「如果你的父親真的就是蔣介石，那我依然愛你，絲毫不會影響我們的婚姻。」她毅然決然地說。「告訴我，你相信我嗎？」她看見葉利箇羅夫用手蒙住了自己的臉，他在輕輕地拭去臉上的淚。

「科利亞，你哭了？」她把他擁在自己溫暖的懷抱裏。

不知道是她的體溫，還是真情的表白，還是她坦然自若的態度，反正在她的懷抱裏聽著她平衡而有規律的心跳，他得到了莫大的安慰。

但是男兒有淚不輕彈，他坐直了，輕輕推開法伊娜放在他肩上的雙手說：「法伊諾奇卡，我相信你，我感謝你的真情，感謝你的表白。你說，哪怕我的父親就是蔣介石⋯⋯你言中了，我的父親就是他。可是，現在還有另外一個情況，它對我的折磨比這個更加厲害，你根本不知道，如果你知道了，你會喪失安全感的。所以我要你好好考慮我們今後的生活，我沒有把握，我們能不能生活在一起，你還記得我對你說過『江浙同學會』那件事嗎？」

葉利箇羅夫一動不動地坐在那裏，好像在回憶那一段不愉快的歲月。

「我當然記得，你說的話我都記在心裏。不過我不懂，為什麼你不能向黨組織說清楚這些情況。」法伊娜很天真地問。

「唉，怎麼對你說呢，中國有一首詩裏說：高處不勝寒。我生長在這樣的一個家庭裏，無論在中國還是在外國都一樣地不自由。好了，不說這些了，我不想再提那些讓我們不愉快的事了。

你……」葉利箚羅夫顯然言猶未盡。

「科利亞，你好像還有什麼在瞞著我，是嗎？」女性的心總是非常敏感的。

「科利亞，你為什麼總是回避我？這我感覺得出來，至少你已經好幾天不敢出現在我面前，你好像都沒有上班，是嗎？」法伊娜緊逼。

「是的，我有好幾天沒上班，我回避你？不，我沒有故意回避你，我到莫斯科去了。」

「到莫斯科？」法伊娜不勝驚奇。

「對，我不得不去。我不想再說什麼，法伊諾奇卡，我很難過，我不想連累你。」

「科利亞，你把我打進了迷宮，這是些什麼事，我一點也不懂：莫斯科——你父親——我們以後能不能組成家庭，能不能共同生活，風馬牛不相及。科利亞，不要吞吞吐吐，快快告訴我。」

「我只好說實話，法伊諾奇卡，你知道，我過去對你講『江浙同學會』那件事的時候，我故意隱瞞了一個重要的事實就是王明為什麼要在我身上做文章。現在你明白了，他要反對蔣介石，就要拿我當籌碼。我很抱歉我過去沒有對你說這個情況，我害怕你承受不了，怕你不願意同我這樣出身的人交往。今天下午我願意把一切全都告訴你，你想聽嗎，親愛的法伊諾奇卡？請你也直率地告訴我，如果這會傷害你的感情，我完全可以不說。」葉利箚羅夫緊張地等待著。

法伊娜・瓦赫列娃眼睛望著遠方，表情非常深沉。一陣陣手

風琴聲在水上蕩漾，她把目光轉向他，他低著頭，沒有看她。法伊娜雙手托起他的頭說：「科利亞，我們俄語有一句話說，如果是朋友就應該不僅分享歡樂，而且要分享痛苦。你知道嗎？」

「我怎麼能不知道呢，法伊諾奇卡？我們中國話裏也有類似的成語叫同甘共苦，患難知真交。」

「那麼好了，你現在知道我想什麼了，也知道你自己應該做什麼了吧？」

「好吧，法伊諾奇卡，這是最後的『鬥爭』了，我會把我的一切都告訴你，關於我們的關係，我聽從你的決定。」葉利箭羅夫橫下一條心。「你知道，我時刻在一個人的掌握之中，他不會放過我，他通過各種途徑瞭解我的情況，想什麼時候找我麻煩就隨時能夠得逞，這個人就是中國共產黨駐共產國際代表團的團長王明。你說我回避你，我很難說清楚，這是怎麼一回事。前幾天他叫我到莫斯科去，我一到就去找他，我不知道發生了什麼事，你是看見的，我在這裏除了生產幾乎不過問其他的事情，可是他還是不放過我。過去我吃了他不少苦頭，『江浙同學會』就是一個例子。現在你應該明白了吧，為什麼他對我這樣嚴密地監視？」

葉利箭羅夫深深地歎了一口氣，他看見法伊娜・瓦赫列娃抬起頭，表情沉重，但充滿了柔順和愛戀：「科利亞，我準備面對一切考驗，只希望你把一切都告訴我。」

葉利箭羅夫接著說：「我到莫斯科後，很快就在盧克斯大樓見到了王明。他對我說：『你父親聽說你回到中國了，他已經下令逮捕你。上海和其他地方的報紙上都有這樣的消息。』我懷疑他說的話，就向他要報紙看，他又說那是他從中國得到的消息，

沒有報紙。我不知道他要我幹什麼？就這樣讓我回來了，我有一種預感，他還會給我製造更多的麻煩。也許不久他就會有行動，法伊諾奇卡，我真怕你會受到我的連累，我自己不能左右自己的命運，今天不知明天會怎麼樣，我沒有辦法保護你。前些天不是我有意回避你，而是我受到內務部門的監視，如同軟禁。我不能隨便同人們往來，以後如果再有這樣的事發生，你會很痛苦的。我反正已經習慣了，正因為我愛你，我不願意你受到連累。至於我們今後的生活，我完全聽從你的選擇。」

　　葉利簡羅夫在等待著最後的時刻，法伊娜‧瓦赫列娃的表情也同樣特別嚴肅，一陣可怕的沉默來臨了。他們肩並肩地坐著，聽得到彼此的呼吸。葉利簡羅夫站了起來，法伊娜也跟著站了起來，但是她沒有走，沒有向前邁出一步。他害怕採取任何行動，他在原地用腳輕輕踢開埋住他腳上的青草。法伊娜‧瓦赫列娃扶著長椅涼森森的扶手，眼睛望著遠方說：「現在我明白了，我能夠體會到你為什麼有這麼長的時間總是躲避我，科利亞，謝謝你告訴我這一切。我曾經做過這樣的猜測，可是我不敢相信這是真的，不是為我自己，而是為你，我不願意看見你總是那麼痛苦。好了，現在一切都真相大白了，我……」她把已經到到嘴邊的話又咽了回去，葉利簡羅夫在等待這最後的宣判。他沒有勇氣問她想說什麼，他非常鎮靜地說：「如果我們不得不分手，我會為你高興，離開我以後，你可以少受許許多多的連累。在阿勒泰的礦井裏我已經下了決心再也不問政治，可是這是不可能，樹欲靜而風不止。我已經飽嘗政治鬥爭的殘酷，我不願意你今後也陷入政治的漩渦，更不願意你因為我而受到折磨。好吧，讓我們做個朋友，我

會珍視我們之間這深厚的友誼。最後，讓我再吻你一次好嗎？」

「不要說了，科利亞，我愛你，我永遠不會離開你，我準備同你結婚，親愛的科利亞。」法伊娜‧瓦赫列娃低下了頭，由於激動，她的聲音哽咽了，他們坐回到長椅上。

造假家書逼簽字

面對這個信賴他並願意與他永遠生活在一起的少女，科利亞竟然手足無惜了。他蹲了下去，捧著法依娜的雙膝，仰望著她略顯蒼白的臉和充滿淚水的雙眼，那淚珠像是一顆顆晶瑩的寶石，鑲嵌在湖水般湛藍的深深的眼睛裏。那是幸福的淚花。他把她扶起來，緊緊地擁抱著她，感覺到她的身體傳達出輕輕的顫動，像是白樺樹的樹葉。她的頭髮，她的呼吸發出誘人的香味，就好像這個美好的夜晚。他們就這樣緊緊地擁抱在一起，欣享著春夜的芳香、聽著莫斯科河上潺潺的流水。

春、江、花、月、夜，五個字五層意境，古往今來在這樣令人欲醉的夢幻氛圍裏，人們譜寫了多少浪漫的篇章。

他們已經擇定了良辰吉日，盼望著婚期的到來。

葉利簡羅夫在蘇聯經過九年的飄泊，開始考慮為自己構築一個巢穴。中山大學裏的明爭暗鬥，若科沃村教堂前的槍聲，阿勒泰的冰天雪地已經成為過去，與法伊娜・瓦赫列娃的相識和即將舉行的婚禮使他產生了接近平靜港灣的感覺。

然而，如中國古話所雲，禍兮福所倚，福兮禍所伏。就在他準備婚禮的過程中，蘇聯社會開始大動盪。

這場風暴來勢兇猛，已經醞釀了很長時間，自從一九三四年基洛夫遭到暗殺後，蘇聯政局驟然惡化，積壓多年的種種矛盾和衝突也相應地趨於表面化。面對這一嚴重情況，史達林又拿起了他慣用的高壓手法：無情地鎮壓所有反對他的，或者他認為反對

他和他的路線的人。

所以當工廠按上級指示舉行清黨會時，他成了第一個被審問的人。

另外，有一條線牢牢地牽系著他，那就是莫斯科的王明。

葉利箚羅夫也還記得，當時他帶著興奮和激動的心情閱讀過《真理報》上的報導，尤其是史達林結束講話，讀完了他的報告的最後一段時，會場上的情景，史達林向黨內外和全體蘇聯人民說：「如果現在某些不願意穩穩坐在車子上的領袖從車子上摔下去，那是沒什麼奇怪的。這只會使黨擺脫那些妨害和阻礙黨前進的分子……好吧，既然老首領中有些變成廢物的人要從車子上摔下去，那麼就讓他們下去吧！」

他的話引起了大廳裏長時間的極其熱烈的掌聲。全場起立，向偉大的史達林歡呼致敬。

有些地方的黨組織也在根據黨一貫的方針開始清洗黨員了。葉利箚羅夫所在的工廠就是這樣的地方。無論在這個工廠裏，還是在任何其他地方，一旦人們被發動起來投入運動，那麼被審查的人就會成為長期以為社會上由於種種歷史原因而造成的，但長期隱藏著的積怨發洩的對象。其結果則被置於不容易分辨的境地，只有「低頭認罪」，否則「絕對沒有好下場」。至於被審查者人格受到侮辱，那是他或他們「罪有應得」。如果被置於被告席上的人幸運，那麼就可以倖存下來，「立功贖罪」，否則就是階下囚或者魂飛西天了。

葉利箚羅夫又是幸運的，因為他活了下來。

那是一九三三年九月，他已在該廠擔任第一機械車間行政科

副科長的職務了，清黨工作是由一個特別委員會領導的。蔣經國有一點可以誇口，那就是他是數一數二的親身經歷過這種世面的人。請看他參加清黨時的原始記錄：

「你到蘇聯來的動機是什麼？」

「我是來學習蘇聯革命鬥爭和社會主義建設經驗的⋯⋯」

「你解雇了多少工人，是按原則辦事還是出於個人恩怨？」

「一個也沒有」

「為什麼對待工人粗魯，還脫離群眾？」

「我只是偶而粗魯，可從來不脫離群眾。」

「你為解決機械車間工人的社會生活問題做了哪些努力？」

「提出了一八七份住房申請書，其中九十戶得到了住房，簽訂了一個合同，要建三棟簡易房和改善車間設施。」

「為什麼上第三班的工人有時候沒有飯吃？」

「因為有時候一些人沒有卡照舊能到食堂買到飯。」

「工人的木柴能保證供給嗎？」

「廠管理科對這個問題沒有指示，但是我們已經向企業工人供應部提交了報告，要求給我們足夠的木柴。」

「住宅的分配原則是什麼？」

「級別高的工人和招來的工人住石頭房子，其他人住骨架結構的房子和簡易房」。

⋯⋯

「為什麼把我這個遊擊隊員趕出我的住所？」

「那不是趕您出去，是想讓你去住新房子。」

蔣經國在工作中已經摔打出來了，也許是經過這次清黨，也

許是他自己所說，在這一段時間裏，他「和共產國際的關係幾乎完全斷絕」。所以烏拉爾機器廠得以獨立地任命和使用幹部。蔣經國才從一九三四年二月起擔任了《為重工業而奮鬥日報》的主編。

大概這對他來說意味著已經「下了樓」，已經向有關方面「交代清楚了」自己的問題，從此以後就可以輕裝上陣了。

但是，到十二月，風雲突然變幻。這月的第一天，蘇聯共產黨的老黨員，列寧格勒市委書記基洛夫被殺害了，國內政治空氣馬上緊張起來。

一九三五年春季，一車皮一車皮的「暗殺基洛夫的人」被從俄國許多地方運往東部和北部去。史達林說：「這些同志並不始終只限於批評和消極對抗，他們還以在黨內舉行暴動來威脅我們。他們甚至用子彈威脅過我們中間的某些人。看來，他們指望嚇倒我們，迫使我們離開列寧的道路……我們曾經不得不狠狠打擊了這些同志中間的某些人……我應當承認，對於這件事我也是出了一臂之力的。」

季諾維也夫、加米涅夫不僅不能再在報刊上發表文章，而且遭到指控成為殺害基洛夫兇手的指使者，分別被判處了十年和五年有期徒刑。從他們被判刑起，一場緊張的鬥爭就在克里姆林宮和令人談虎色變的盧比揚卡之間進行，季諾維也夫和加米涅夫被迫承認「以前的反對派的活動不能不促使那些犯罪者墮落」，他們指的是國內的鎮壓氣氛和反對派「以前」採取的措施與鬥爭方式。

基洛夫的被殺使史達林警覺起來。他懷疑，密謀者已經滲透

到他的辦公室裏，在一九三五年春季，他的私人警衛中差不多有四十多人被秘密審訊，兩個人被秘密處決，其餘的被判處不同期限的勞役，阿勒泰的礦井裏又增加了一批無辜受害者。

就在這樣的時刻，在身處史達林所在的克里姆林宮不遠的王明在莫霍瓦亞大街盧克斯共產國際大樓裏，嗅到了蘇聯共產黨；特別是史達林對於「階級敵人」的仇恨，出於一種本能的「維護」蘇聯「利益」，和緊跟史達林的意願，他在這個時刻想起了葉利筍羅夫。

原來，自從一九三三年一月十七日他起草了以毛澤東、朱德的名義發表的《中華蘇維埃臨時中央政府工農紅軍革命軍事委員會為反對日本帝國主義侵入華北願在三條件下與全國各軍隊共同抗日宣言》後，中國共產黨進一步明確了反蔣抗日的統一戰線思想，其前提是把蔣介石和日本帝國主義都當成中國人民的敵人。一九三三年十月二十七日王明、康生給中國共產黨中央政治局的長信依然堅持並且要求中國共產黨「在事實上將反日鬥爭和反國民黨的鬥爭聯繫起來」。身處莫斯科的王明自然知道歐洲的政治局面，看見希特勒上臺執政後給歐洲和全世界和平與安全帶來的嚴重威脅。但是他依然抱著共產國際那個打倒帝國主義和資本主義的戰略思想，依然不識時務地堅持要處於蔣介石圍剿下的中國共產黨憑著它微不足道的兵力去領導全國的抗日戰爭，他力主中國共產黨兩個拳頭出擊。

所以，一九三四年夏天蔣經國從莫斯科回來之後本能地感覺到王明還會找他的麻煩，果然不出預料，回到工廠兩個月之後，他就被蘇聯內務部監視起來。每天都有兩個人跟蹤他。除了工廠就是

宿舍，他不能見任何人，更不能同法伊娜‧瓦赫列娃幽會。他們的愛情受著嚴峻的考驗，這一對戀人有三個多月不得單獨相見。

在這些痛苦的日子裏，只有那個令人銷魂的春江花月夜和法伊娜的愛情安慰著他，給了他希望和力量。

三個月在軟禁中過去了，葉利箹羅夫「獲釋」了。十二月的第二天晚上，他在自己的宿舍裏見到了前來看望他的法伊娜，兩人緊緊地擁抱在一起，沒有話，沒有歡笑，只有法伊娜輕輕地啜泣。

生活沒有給這對戀人很多甜蜜的時日，不久蘇聯政治生活全面緊張，全國動員，與那些奸細和所有暗藏的敵人鬥爭。葉利箹羅夫倒抽了一口涼氣，他有預感……

王明知道蘇聯共產黨和中央委員會向各級黨組織發出了一個秘密檔，要求他們開展一場「坦白和承認錯誤的運動」。許多人被迫承認自己「警惕性不高」，「和敵對分子有聯繫」等等。

王明、康生身上的「左派」細胞得逢此良機也十分活躍，他們馬上「緊跟」，在莫斯科成立了肅反辦公室，以對付當時在蘇聯的中國共產黨黨員。

一九三四年底，葉利箹羅夫被蘇聯內務部烏拉爾分部主任李希托夫叫到辦公室。他知道，等待他的沒什麼好事，特別是被叫到內務部一類的地方。主任對他說：「中國政府要我們把你送回去，這是從中國外交部傳來的消息。」

葉利箹羅夫聽了精神為之一振，主任看出了葉利箹羅夫情緒的變化，便馬上說：「不過，決定權在我們。現在我們要你寫一個聲明就說你不願意回國。好吧，現在馬上寫。」

葉利簡羅夫覺得這事很奇怪，便問：「你知道我是願意回國的，為什麼我要聲明說我不願意回國呢？我當然不會寫這樣的聲明。」

　　「這沒什麼可商量的，快快寫吧。」內務部顯然奉上級的命令。

　　「我不能寫，如果你們覺得現在不能放我回中國去，那你們可以對中國外交部寫任何檔。」如此明顯的拒絕非常出乎內務部工作人員的意料，這些話好像不是他們頭腦中的葉利簡羅夫能說得出來的，他們沒有想到葉利簡羅夫會如此強硬，內務部的人顯然應付公事，犯不上得罪他們非常熟悉而且並無反感的葉利簡羅夫。反正上級指示已經下達，至於結果，那不是他的責任，如此這般，談話不歡而散。

　　葉利簡羅夫知道事情不會這樣輕易結束，可是他不明白這裏到底有什麼蹊蹺之處？他從來沒有同蘇聯外交部打過交道。

　　實際上，這裏確實有些蹊蹺，身在莫斯科千里之外的他並不知道，這個時期，具體地說從一九三二年起，中國政府就已經開始同蘇聯政府秘密商談恢復兩國外交關係的問題。

　　一九三四年七月，中國學者蔣廷黻準備赴歐洲訪問，蔣介石認為此時派一個他可以依賴的人作為私人代表去同蘇聯外交部作非正式接觸正是一個機會，於是在牯嶺接見了蔣廷黻，囑咐他到蘇聯後測探中蘇兩國合作的可能性。

　　一九三四年十月十六日蔣廷黻見到了蘇聯外交人民委員斯托莫尼亞科夫。再次向他表達了蔣介石的打算。只要時機合適，他會努力開始與蘇聯接觸，蔣廷黻特別強調蔣介石的立場。中國絕

不會站在日本一邊與蘇聯作對，在一定條件下，中國會同蘇聯肩並肩地抵禦來犯的敵人。

蘇聯副外交人民委員則向蔣廷黻表示，蘇聯尊重蔣介石，就像尊重任何一個國家的領導人一樣，由於蔣介石而出現的中蘇關係破裂已經是過去的事，現在沒有必要再提起了。

顯然，蘇聯急於減輕自己的東西兩面受到的壓力，可蔣介石那裏又心有餘而力不足，為了迫使他儘快滿足蘇聯的要求，在他兒子身上做做文章，不失為一著好棋。這就是為什麼蘇聯政府要內務部出面讓蔣經國寫一個聲明，以便利用這個聲明為蘇聯和共產國際在此之前對待蔣經國的嚴厲態度開脫，怎奈沒有得到配合。

李希托夫遭到拒絕後幾天，葉利箌羅夫又被叫到辦公室，告訴他：「中國大使館來人了，說是要見你。請注意，你同他們談的內容，事後一定要如實地向我們彙報」。

葉利箌羅夫在辦公室裏看見兩個人坐在那裏，一個是中國大使館秘書，另一個身份不清，他知道在這種局面中不便過多打聽，就沒有問及那人是誰？

這時候，從隔壁房間傳來輕輕的說話聲，葉利箌羅夫朝那邊看了看，見有兩個人坐在那裏，一個是中國人，另外一個是俄國人。他們二人都在警惕地聽著葉利箌羅夫這個房間裏進行的談話，注視著他這裏的任何動靜。他幾乎沒有說任何話，只是靜靜地聽著中國大使館的兩位元先生介紹中國情況。這兩位使者說了一陣之後，就問葉利箌羅夫的生活等情況，聲調很是平穩、和氣：「你是否有什麼問題或者什麼事情要辦？」

「兩位元先生介紹的情況，我都明白。我從這裏的報紙上也能夠瞭解一些我們中國內部的情況。」

「你的父母很想念你，希望你回去。」

「我們已經近十年沒有見面了。」葉利箚羅夫知道隔牆有耳，根本就不敢表示他多麼想返回中國，再說，他多次要求蘇聯共產黨和共產國際准許他回國，都未得允准，這兩位身份不太明白的人又能解決什麼問題，此刻莫如守口如瓶。

看樣子，過去幾年的勞動改造和政治風浪沒有白白讓他吃苦頭，他多少學會了一些處世哲學。在這短暫的時刻，他想起了阿勒泰，想起了「江浙同學會」那段公案，頓時產生了毛骨悚然的感覺。再看看現場：隔壁房間裏的那兩位顯然不是等閒之輩，更何況今天同這兩位中國使館的人見面之前，李希托夫已經有過交代，如實彙報同中國使館來人的談話內容……這架勢已經擺得很清楚了，頗似大軍壓境。面前這幾位顯然不是為瞭解他的疾苦而來，於是，葉利箚羅夫這次把事情處理得非常嚴謹，無懈可擊：他沒有也不敢透露自己想立即回國的願望。

同中國同胞的會見就此結束。葉利箚羅夫有點丈二和尚摸不著頭腦，實在鬧不清這次談話要解決什麼問題，背景又是什麼？好在他沒有給任何方面留下什麼辮子，所以心裏還算坦然。

自從中國外交部的兩位來訪者走後，葉利箚羅夫心中著實忐忑不安，他明白此事沒有完，他本能地感覺到這裏一定有王明的背後動作。

在這個期間他同法伊娜的關係已經明朗，兩人正在籌畫著舉行婚禮。可是那一次談話和隔壁房裏可疑的身影時時在追蹤他，

為他婚前充滿希望的日子蒙上一層陰影。

　　他焦急地等待著、盼望著婚禮的日子。但是，他還是高興得太早了，由於王明，他不得不推遲婚期。

　　新年過後不久，他又接到內務部烏拉爾分部的通知，說共產國際讓他到莫斯科去。

　　兩天後他到了莫斯科，那是一九三五年的一月。

　　他的「剋星」在共產國際大樓接見這位烏拉爾重型機器製造廠的准廠長，用一種莫名其妙的目光和語氣對他說：「最近我們從中國得知，有些別有用心的人和報刊在製造謠言，說你在蘇聯被捕，你該寫封信告訴你母親，說說你的情況，告訴她你在這裏很好，工作生活都滿意，你沒有被捕，完全自由。」王明的關切與和藹的態度使他受寵若驚。這樣他真的就可以向多年沒有通信聯繫的母親說一說自己的情況了，於是馬上接受了這個建議：「可以，我現在就寫。」

　　但是他又高興得太早了，王明馬上把臉一沉，莫名其妙的神情頓時完全消失，他對葉利簡羅夫說：

　　「我們怕你的中文已經忘記了，恐怕寫不成句了，所以代替你寫了一封，你只要簽上名字就行了。」

　　　親愛的母親：

　　　　　您把我送到莫斯科已經有十年了。我們分離的時候，您說出了您的願望，您希望我幸福、富有，今天我已經達成了。但是我達成的方式跟您當時的想像並不相同。您的兒子已經成了真正富有的人，但這富有既不是田產，也不是銀行

鈔票，而是人類實際生活的知識和解放被壓迫、被剝削的人們的辦法。您的兒子雖然成了真正幸福的人，但這個幸福不是舒適安樂的寄生蟲的生存，而是勞動和自由的生活，是鬥爭和作戰的偉大的前途，是為全國人民創造幸福的未來。一九二七年您給我的信要我馬上回家，這個要求到今天還未能實現。但是您的兒子已經開始了新的生活的道路，他也許永遠不會回來了。他也許永遠不會落入父親——那個笨蛋的手中，去做一個可憐膽小的孩子。您的孩子正要以堅定的決心在中國革命的大道上勇敢地邁步前進。

　　母親：人家說，共產黨是匪徒，野蠻人，共產黨員不要家庭生活，對父母不要孝敬，這些話您千萬不要相信，這些話都是騙人的。共產黨是為爭取真理什麼都不怕的戰士，他們為了創造人民幸福的生活在鬥爭著。共產黨員就是這樣的人，只有這樣的人才能真正瞭解生活和善於創造家庭生活的。

　　我的隔壁住了一個共產黨員的家庭。父親是工廠的技師，母親在同一間工廠當職員，兒子是熟練工人，女兒在工廠學校上學。他們是真正地過著親愛的家庭生活；他們互相敬愛，這個家庭是建築在相當的政治主張之上。每當我看到別人家庭的幸福，就常常會想起我的母親，因此我問自己，為什麼我就不能跟他們一樣？為什麼我就不能有他們那樣的幸福？但是問了之後又怎樣呢？您以前的丈夫以極端野蠻的手段屠殺了數萬、數十萬的兄弟同胞，前後連續三次出賣中國人民的利益。他是中國人民的仇敵，他

是您兒子的仇敵。我有這樣的父親在中國人民面前是不能不感到恥辱的。對這樣的父親不但沒有任何敬愛之念，對這樣的人物我恨不能殺戮他、消滅他。

聽許多人說，蔣介石在宣傳孔子的孝悌和禮義廉恥的學說，這是他迷惑人的慣用手段，以此欺騙和愚弄人民的意識。母親，您還記得吧？是誰毆打您，抓住您的頭髮，將您從二樓拖到樓下？那不是他——蔣介石嗎？是誰打我的祖母？那不是他——蔣介石嗎？這就是他對父母和妻子的孝悌和禮義。

蔣介石買了許多田產、企業和商店，究竟是誰的錢買的呢？那不是他用各種辦法從窮人手中搶來的錢嗎！以前說必須擁護工農的利益，和共產黨握手的是誰？那不是現在繼續屠殺中國革命的劊子手——蔣介石嗎！以前說蘇聯是中國人民政府的真正朋友，因此非擁護蘇聯不可的是誰？那不是現在東方反蘇聯盟中的帝國主義的走狗——蔣介石嗎！向日本及其它帝國主義者借款，出賣中國領土的是誰？那不是蔣介石嗎！蔣介石是賣國、辱國的政府領袖，他屠殺了反對帝國主義統治和爭取解放中華民族的英雄。

這就是滿嘴說「禮義廉恥」的他自己的真面目。我在寫這幾行文句時，不自覺地握緊了拳頭，胸中燃起了對仇敵的憤怒和痛恨，恨不得將這樣的仇敵馬上驅除。

昨天我是一個軍閥的兒子，今天我成了一個共產黨員，對共產主義的信念是一點都不動搖。我有充分的自覺，對真

正的革命理論有研究、有認識，您和世界上許多人一樣，因為對政治不懂，對各種支配因素和統治分子的聯繫關係不清楚，自然對世界變化的真相瞭解有困難，因此也許對蔣介石的兒子變成共產黨員就不能理解了。母親，我希望您和見到這封信的人們從各個方面來考慮事情，以最客觀的態度觀察中國所發生的一切事情。罪惡、威脅和混亂的根源究竟在什麼地方？混亂和威脅的戰爭，誰應該負責？

也許您不會沒有見過千百萬人餓死的事吧！那些餓死的是因為蔣介石及其同黨把窮人以自己光榮的努力得到的一碗飯搶去吃了。還有，也許您不會沒有見過外國人在中國各都市農村中毆打、殺戮中國人吧！這種事情的發生是因為蔣介石及其同黨鼓勵外國人在中國建立特權。

也許您不會沒有聽說過蔣介石把數千、數萬為革命事業奮鬥的優秀戰士用汽油燒死的事？不會沒有見過蔣介石把共產黨員砍殺？蔣介石的手已經被全國工農的血——我親愛的人民的血染紅了。他應該在全國人民的面前負起這些罪惡的全部責任。

蔣介石在帝國主義的援助下前後發動了六次「圍剿」，反對中國的蘇維埃，打算消滅蘇維埃政權。但是蘇維埃政權支援救中國，是中國獨立的唯一出路。他雖然打算消滅紅軍，但紅軍是中國人民的武裝力量，他的這種企圖永遠不會成功的。我們應該瞭解，也不應忘記，運動的規律和鬥爭的邏輯都說明了所有統治階級必定滅亡，被壓迫者必定得到勝利。

蔣介石所走的道路必定是過去俄國反革命將軍高爾察克、鄧尼金、烏蘭可爾等走過的道路。紅軍前進的道路必定是蘇聯紅軍——光榮的勝利者走過的道路。這是所有中國人都完全瞭解的。

　　鬥爭和交戰的時候，每個人的面前只有一條路可走，有的人站在革命的一邊，有的人站在反革命的一邊。每一個有人格的中國人都應該站在革命的一邊，團結在蘇維埃的旗幟下，在共產黨的領導下站起來，跟國民黨和蔣介石作無情的鬥爭，將神聖的民族解放革命鬥爭推進，反對帝國主義和擁護中國蘇維埃。

　　母親！我希望你站在正義的一邊，站在你兒子的一邊，站在革命的一邊—這是您兒子對年老的母親的願望。

　　中國的工農也沿著俄國工農的道路前進著，在中國已經建立，真正建立了與我居住的國家同樣的蘇維埃政權。在這十年間蘇聯這個國家有了極大的改變，現在已經成為富強的社會主義工業國家。工人和集體農莊人員的生活已經比以前改善了數十倍，在他們面前展開了廣闊、富有的生活道路。我工作的工廠是在一片廣漠的空地上以五年的時間建成的，現在這工廠有四萬名工人工作著，這些工人建設了最好的社會主義城市。他們每個月的工資過去是二百二十盧布，今年增加到三百一十盧布。一九三〇年以前我上過各種學校，一九三〇年以後我在工廠工作，成了工人，後來成為技師，現在是廠長。這個廠有四萬工人，我有自己的房子，每個月有七百盧布的薪

水。當然，對我來說重要的不是生活方面，而是精神方面的快樂。我對您說這點是因為在中國有一部份人說我被布爾什維克虐待，蘇維埃政府把我放逐，所有這些謠言都會使我笑破肚皮。確實，有各種各樣的壞人和卑鄙的人把別人也看與自己一樣，蔣介石非法監禁了太平洋勞工組織的書記官同志夫婦，只因為他們是反對帝國主義、擁護中國的積極戰士。我想蔣介石以為蘇聯對於在蘇聯的所有中國人也像他對住在中國的各國革命戰士的態度一樣，但這是絕對沒有的事。

蘇聯是世界上最重禮節、最文明的國家，我對能住在蘇聯覺得非常光榮，蘇聯是我們的祖國；我對自己的祖國——蘇聯的各個方面不能不高興；我的祖國——蘇聯天天在清除發展道路上的障礙，打擊和消滅一切的敵人；我的祖國——蘇聯像燈塔一樣，在大風大浪的海上照亮了全世界被壓迫人們鬥爭和勝利的航路。因此，我的祖國就特別成了仇敵的眼中釘，仇敵用各種方法和謠言誣衊蘇維埃政權。我衷心希望所有的人都堅決地站到革命的陣營，鞏固社會主義和全世界無產階級的組織，爭取中國的獨立，爭取中國的蘇維埃政權的建立。

母親！最近就會和您相見是值得高興的，假如您能出國，不管哪一個國家，我都準備與您見面。

祝

大安

　　　　　　　　　　您的兒子　經國

一九三五年一月二十三日

葉利箚羅夫拿過那封信看了一看，信的內容顯然不是他要說的話，而像是一個通牒。

葉利箚羅夫看完信後說：「我不能在信上簽名。」王明讓他回去認真考慮。

葉利箚羅夫陷入王明設置的不可逾越的鴻溝。第一天看見這封信的時候他就拒絕簽名了，當然不就範是萬萬不可能的，王明不讓他回到工廠去，讓他回到臨時住處去好好想想。

葉利箚羅夫當然要好好想一想，面臨這條鴻溝，在他的腦海裏湧現了幾個互相矛盾的念頭：

他熱愛母親，想念母親，願意給她寫信，哪怕是報報平安也好。眼下這封「信」並不是給母親看的，要倒蔣抗日。

「信」中的許多事情不僅母親不會有興趣，就是他——生活在紅都的葉利箚羅夫也一樣沒有興趣，比如什麼牛蘭案件，他本人並不瞭解此事的全貌。對母親說這些幹什麼？母親，她——一個文化不高與世無爭的中國婦女，一個每天往返於佛堂與家門之間的溪口佛教徒，與牛蘭有什麼干係？這「信」顯然是為蘇聯外交服務的。

母親——他多麼想念她，已經快十年不通音訊了。這是一次難得的機會，溪口的母親日夜盼望兒子的資訊，可這封「信」能帶給她什麼呢？

父親對於母親，蔣介石早已經不盡丈夫之情義了。他對她不好，這是事實。可揪著頭髮從二層樓推下去這段沒有過。就算是父親對母親沒有典盡丈夫之意，那也是多少年之前的事。況且

母親在經歷過痛苦之後已經取得了心境的平和，為什麼做兒子的要在十年後，與母親不通音訊之後忽然間提起這使她異常痛苦的往事？父親對於祖母——據他蔣經國記憶，父親是孝敬的。王明怎麼能知道蔣介石不孝敬母親呢？至於父親屠殺共產黨員，那麼報紙上到處都有揭露和聲討的文章，還用他——蔣經國寫信嗎？也許父親殺共產黨員不對，反對蘇維埃不對，但是他蔣經國是兒子，即使寫了這樣的「信」又有何用？再說，他不是在一九二七年已經宣佈與父親劃清界限嗎？。就此寫信給父親——如果為了有個機會給母親報告自己的一點點情況，在「信」中批評幾句父親也未嘗不可，但他畢竟是父親……

說到流放，他確實被流放過，為什麼說沒有此事呢？不說也罷，那樣多半對於「維護」蘇聯的政治形象有好處，反正事情已經過去了，索性任人擺佈吧……就這樣他想了三天。

在他苦苦思索不知如何是好的時候，一個朋友來找他，說是共產國際派來的，這個人負有說服葉利簡羅夫的使命。

「你還是在信上簽名吧。現在你沒有別的辦法。」

「可那信不是我要說的話。」

「不要這麼認真。如果你不簽名，他們會隨時給你捏造各種各樣的罪名，到時候誰也幫不了你的忙，甚至你的生命都會有危險。」

葉利簡羅夫已經知道此事來頭不小，便想出了一個妥協方案。到第四天他去找王明：「我能不能另外寫一封信？」他在試探。「另外寫？那就是說你想了三天白費了時間，還是不想在這封信上簽名，是不是？」王明一副盛氣凌人的樣子。

「信中有些事不是事實。」葉利簡羅夫向自己的同胞說。

「什麼不是事實？你想幹什麼？現在沒有讓你考慮什麼是事實什麼不是事實，只讓你必須在信上簽名，懂不懂？沒有商量的餘地！」葉利簡羅夫的同胞用遠比對待異國人兇狠的語氣，對站在他面前的中國同胞說：「告訴你，即使你不簽名，我們也有別的辦法，可是你自己的下場──那就請你自己看著辦吧。」

一陣可怕的沉默。

「你怎麼了？還想幹什麼？還不想簽名？忘記了阿勒泰嗎？告訴你說吧，自從去年基洛夫被殺事件後，你去過的那個寶地阿勒泰現在可比從前啊熱──鬧──多了。」

葉利簡羅夫無話可說，這明顯的威脅馬上把他帶回到一年多前的冰天雪地中去。可是現在他畢竟不是一個人了，在工廠裏有法伊娜，還有他們推遲了的婚期，有遠在中國剡溪溪口望兒欲穿的母親……為了活下來，若干年後能見上她一面，也許還可以把這封「信」的事說說清楚……

「我已經十年沒有見到母親，我想看一看她。」葉利簡羅夫開始妥協了。

「怎麼？你想回到中國去？你該不是癡人說夢吧？」王明表示出不耐煩，但他莫名其妙地笑了，就像一個人在宰雞時切開雞的喉管，聽到那雞流露出恐懼，垂死掙扎時發出的叫聲一樣。王明獰笑著說：「想見你的母親？回到你那個反動老子跟前去？」

葉利簡羅夫自知沒有別的出路，也不願意再聽王明說下去，便索性說明了自己的要求：「我不是想回到中國去。我想在這封

信上簽名，不過我想在信的末尾加上一句話：『假如你們想見我，就到西歐去吧，我們在那裏會面好了』。」

王明同意了。葉利箚羅夫還存著一線希望，如果家信真的來了，也許他可以帶著法伊娜到歐洲去，那時就可以設法離開蘇聯了。

「家信」就這樣宣告第二個回合的結束。

酸甜苦辣入洞房

葉利箚羅夫自然心中不快，第二天他到內務部去，找了一個人，說明他是被迫在這封信上簽名的，內務部長聽了之後也同樣覺得這樣做欠妥，便去找王明，商量把這封信銷毀。

很快，王明就來找葉利箚羅夫，用一種很通達客氣的調子對他說：「你可以另外寫一封信。」

葉利箚羅夫以為這下可以多少把心中話對母親說幾句了，至少可以報個平安，便欣然同意，坐下寫了一封信。當然此時他早知政治為何物，只是不敢流露想回中國的意思。可又想表示這個意思給母親，便在信中寫了一句意味深長的話：「我沒有一天不想吃點久未嘗到的家鄉小菜。」

他把信交給王明，並要求還回第一封信。王明說：「我已經將那封信銷毀了。」

葉利箚羅夫感覺到王明好像在說謊，但又無法證實自己的猜測。後來很快就發現王明的確說謊了，他已經把那封假信發到中國去了。

葉利箚羅夫一氣之下得了一場大病，險些一命嗚呼！住了十三天醫院。他不得不自我安慰：「事已如此，這兩封信也算不上什麼，一封類似刺刀下的交易或大軍壓境時的城下之盟；另外一封雖然出自我的手筆，可我也不敢盡述我心中之所想。罷，罷，罷，還是趕快回到工廠去吧，那裏有我的工作，還有法伊娜……。」

大病康復後，葉利簡羅夫從莫斯科回到了烏拉爾重型機器製造廠，第一件事自然是首先找法伊娜‧瓦赫列娃，向她傾訴這近一個月的經歷，好在有各種具體的事情要做，新婚前的忙碌沖淡了那段不愉快的回憶。

一九三五年三月的一天，乍暖還寒，正是初春的融雪天氣，樹木吐著新綠。

他們在工廠的宿舍裏舉行婚禮。

簡單樸素的新房裏桌子上放著一個大蛋糕，這段新奇的異國姻緣幾乎吸引了全工廠的人前來觀看。

葉利簡羅夫身穿嶄新的西裝，打著紅領帶，法伊娜‧瓦赫列娃婀娜多姿，一件色彩鮮豔的連衣裙把她裝扮得分外迷人，與窗外的新綠形成明顯的對比色，象徵著生活的美滿幸福充實多彩。

入洞房自然是新人們久已盼望的時刻，美中不足的是男女雙方都沒有親人前來祝福，法伊娜‧瓦赫列娃沒有親人，是個孤兒，葉利簡羅夫的父母則⋯⋯不想這些吧，權且欣享眼前的生活。

此後好長一段時間裏，烏拉爾重型機器製造廠和附近的人都把這樁異國大聯婚當作美談。

等到新婚夫婦從新生活的歡愉中安靜下來，開始新婚的家庭生活的時候，葉利簡羅夫就設法找人給父母帶一封信。

一次他在路上遇到一個姓陳的華僑。

「你好，科利亞。很久不見了。」

「你好，你現在在哪裡？」葉利簡羅夫問他，並覺察到他好像有什麼心事。「有什麼事嗎？你好像有點⋯⋯」

「我不是有一點，我有很大的困難，多年不看見父母了，很想回去看一看，唉，這一趟路太遠了，哪裡就湊足路費了。」陳很不好意思地說。

「這不是問題，請不要著急，我幫助你湊路費。過一個星期請來我這裏。」

葉利簡羅夫變賣了幾箱子書和一些傢俱。過了幾天陳來取錢時，葉利簡羅夫對他說：「我們在外面都不容易，這點錢我請你拿去買火車票。」

「那怎麼好，這太多了。」陳覺得他自己還有錢，想取葉利簡羅夫手中的一小部分。

「不，不必客氣，全都拿著吧。」葉利簡羅夫真誠地說。

「那好吧，謝謝你了，我真不知道怎麼報答你。」

「沒有什麼，你只要給我帶一封信回國，寄給我的父親就行了。」

姓陳的華僑千恩萬謝地走了，帶走了葉利簡羅夫給他的錢，也帶走了他自從到蘇聯後唯一的一封寫給父親的信。

可是，好事多磨，儘管他自陳走後就盼望收到父親或母親的回信，但他失望了。過了一個月，陳的妻子來告訴葉利簡羅夫，陳過赤塔在距離中國邊界只有幾公里的地方被捕了，葉利簡羅夫那封信也就沒有「離開」蘇聯國境。

一件件一樁樁的不愉快之事接踵而至，葉利簡羅夫只有招架之功，毫無還手之力，有時候甚至連招架都無力，只能逆來順受。

上述事件發生後，蔣經國的處境並未因受王明「招安」而有所

改善。

　　儘管王明在一九三五年底迫使蔣經國在那封「家信」上簽名並且耍了手腕把它寄出去，自以為這樣可以在世界革命的總司令部為「反蔣」做出「貢獻」並以此向共產國際邀功請賞。

　　翻閱當時的文獻可以看出，蔣經國的父親有時親自出面與蘇聯駐中國大使鮑格莫洛夫會談。中國外交部長和副部長，蘇聯正副外交人民委員，蘇聯駐中國大使等人都在這一時期加快了恢復和改善兩國關係的步伐。

　　中國共產黨的地位自然是兩國外交談判非涉及不可的題目。仔細琢磨外交文書字裏行間的含義可以清楚地看出，蘇聯政府已經十分小心謹慎地流露出對蔣介石處境的同情：既要在國內對付中國共產黨，又要做全面抗日的準備。蔣作為政府首腦，在這個時期同蘇聯的會談中全面探討了中蘇在各個重大問題如蒙古、新疆問題，如何對待華北和東北的日本侵略等，雙方還謹慎地尋求締結條約和共同行動的可能性。

　　特別耐人尋味的是，在頻繁的外交接觸中，中蘇雙方都對改善兩國關係表示了懇切的願望，並且在考慮如何使國家關係不受蘇聯或共產國際與中國共產黨關係的影響。當蔣介石本人或者他的代表向蘇聯方面明確表示，他作為一個國家首腦只能允許中國共產黨存在而不能允許它擁有軍隊時，蘇聯方的任何人都沒有表露異議，蔣介石要求中國共產黨承認中國南京政府為唯一合法政府的談話也居然沒有遇到任何反駁，雙方甚至有一定程度的默契，這是非常奧妙的。

　　如果說在政治鬥爭的漩渦裏葉利箹羅夫幾經浮沉，幾乎被捲

至水底「永世不得翻身」。那麼此時中蘇國家關係的逐漸好轉則把他從水底托到水面上。

但是從漩渦之底浮到水面上的過程是異常痛苦的，在這中間，共產國際和王明也沒有讓他順利地浮上來。蘇聯當局則為了他們整治這個「反革命頭子」的後代製造了合適的大氣候。主觀上有意的也罷，客觀政治環境的影響也罷，巧合也罷，反正在短短的六個月裏，在他從漩渦之底浮到水面上之前他又喝了口苦水，經受了在蘇聯生活的最後幾次考驗。

為了加強輿論控制，蘇聯共產黨決定先把宣傳媒介緊緊抓在「可靠的」幹部手裏，便選拔了一些可信的人去「幫助」工作，「加強領導」。葉利箚羅夫那個報紙也得到了這樣一位檢查員。

過了一段時間，由於整個國家政治氣候的惡化，檢查員想出了一個萬全的辦法：

「尼古拉・葉利箚羅夫同志，為了協助你工作，減輕你在《為重工業而奮鬥日報》的編輯工作上的負擔，今後這個報紙的所有稿件全都由我來負責審查。你就專心去管理生產吧。」葉利箚羅夫自然只能「感謝」上級的關懷。

情況越來越對葉利箚羅夫不利，同年九月他就被解除了《為重工業而奮鬥日報》主編和副廠長的職務。

二是又一次家信事件，他不僅被解除了職務，不久連工作也沒有了，家中的生活全部由妻子一人的工資維持。

誰能料到，不如意的事一個接著一個，為上述一切雪上加霜的是，沒過兩個月，他得到通知，他的候補黨員資格也被取消了，這就是說他被開除出黨了。

那是一九三六年的九月，他在等待著更壞的前景，阿勒泰的冰天雪地好像不遠了，夜裏他常常失眠或從惡夢中驚醒。

　　作為一個失業者和犯錯誤的人，他應該每天在家裏閉門思過。

　　看著窗戶外藍色天空自由飛翔的鳥兒，他不勝羨慕。再想想自己，宛如在監獄，連一封家信都寫不得。有一天他收拾舊的信件，看到其中有高爾基的來信，不禁觸景生情想起了六月那個難忘的日子。

　　那是一九三六年六月二十日。葉利箹羅夫和工廠的一位工程師下班後正走在回家的路上，一個朋友跑過來告訴他們說高爾基去世了，這真是晴天霹靂！

　　「你沒有聽錯吧，瓦夏？」葉利箹羅夫問，眼睛裏充滿了迷惑和莫名其妙的恐懼。

　　「絕對沒有錯，請您回家去看看報紙。」瓦夏回答。

　　事實證明這個消息是真的，高爾基死了。葉利箹羅夫不勝悲痛，多麼好的一個老人呀！

　　回到家裏他對法伊娜・瓦赫列娃說了這件事：

　　「我很難過，你知道，差不多兩年前，我收到過他的信，那好像也是在六月份，是六月初。我給他回了一封信……你知道我們是朋友嗎？」他自言自語地說。

　　「你在說什麼，科利亞？你同高爾基是朋友？我過去怎麼從來沒有聽你說過？」法伊娜一面忙著準備晚飯一面說。

　　「是你忘記了，法伊諾奇卡，記得我對你講過我在列寧格勒涅瓦河邊散步時的情況嗎？」

「當然記得，可那是你偶然遇見他的，怎麼就算是朋友呢？」法伊娜說。

「我永遠記得當時他是怎樣開導我的，多麼善良的人呀！可是現在怎麼有人說他涉嫌謀殺基洛夫呢？怎麼又說他是自殺，又是……」

「科利亞，你知道現在外面風聲很緊，不要多說什麼。領導那裏自然什麼都明白，既然你認識高爾基還同他有過通信聯繫，現在情況不明，我看你到工廠也不要再說什麼了，免得麻煩……」法伊娜停下手裏的活，把一個大碗放在桌子上，很認真地看著丈夫。

葉利箭羅夫呆呆地看著她，看著桌子上色香味齊全的晚餐，若在平時他會特別高興地與妻子和咿呀學語的小艾倫欣享這每天僅有的屬於他們自己的溫馨的夜晚，可今天，看著這些可口的飯菜他想到了阿勒泰的冰天雪地和豬湯狗食般的一日三餐。

反覆無常的政治鬥爭有時候也會客觀地給他一些小恩小惠，一天，法伊娜下班回家來對他說：「工廠黨委讓你明天到廠裏去。」

他沒有問去工廠幹什麼，反正沒有好事，這天他又度過了一個不眠之夜，第二天精神沮喪地到了工廠。

「葉利箭羅夫同志，我們近來討論過你的黨籍問題。」書記對他說。

葉利箭羅夫實在不懂這是怎麼一回事，他已經沒有黨籍可談了，不是幾個月之前就被開除了嗎。

「工廠黨委決定在十一月十六日討論你的候補黨員轉正問

題。」書記很沉著地說：「現在請你把這張表拿去填寫好並準備一個發言。別的沒有事了，從明天開始你就回到原來的車間上班。」

這委實有點蹊蹺，令他百思不得其解，這一個突如其來的消息就像一個牧人，把他領到有水草的地方。

回到工廠以後葉利箚羅夫的處境不知為什麼居然好了一些，是他「閉門思過」之後「脫胎換骨」了，還是有關方面突然發現他還不是一塊廢物……不過他真的有點受寵若驚。

根據自己多年的體會，他意識到這其中一定有什麼背景。回頭一想，有沒有背景與他有什麼關係，有還是沒有——還不都一樣，誰能告訴他這背景究竟是什麼？顯然是蘇聯共產黨和共產國際出於某種需要而做出的某種姿態。

一九三六年十一月十六日烏拉爾重型機械廠的黨組織舉行會議，討論蔣經國由候補黨員轉為正式黨員的問題。他的志願書是他當時心理和思想狀況的真實記錄：

致蘇聯共產黨（布）烏拉爾機械廠
印刷車間基層組織
蘇聯共產黨（布）候補黨員H. B. 葉利箚羅夫
候補黨證號：0011710

　　蘇聯共產黨（布）無微不至地關懷和培養我，它使我得到改造並把我造就成一個真正的、自由的、幸福的人。真正的幸福乃是靠先進的馬克思—列寧—史達林的革命思想去生活、奮鬥和思考。我的父親蔣介石是中國大革命的

叛徒和變節者，今天他是中國反革命勢力的元兇。從他叛變的第一天起我就同他做鬥爭。十年過去了，經過布爾什維克主義的教育，我的共產主義信仰更加堅定、更加執著了。現在我走的是一條通暢廣闊的生活之路，是一個共產黨員的道路，一個為工人階級的事業而奮鬥的人的道路。我將會嚴守蘇聯共產黨（布）的黨綱和黨章，我將為列寧—史達林的事業貢獻我的畢生精力。特請你們允許我從蘇聯共產黨（布）的候補黨員轉為正式黨員。

　　　　　H.葉利筍羅夫　一九三六年十一月十六日

　　與會者對蔣經國的評價很高，一致認為他同父親劃清了界限，「瞭解了我們蘇聯的路線，並起而反對父親。我們工人認為他表現好。」

　　一九三六年十二月七日，《為重工業而奮鬥日報》印刷廠黨組織舉行會議，議決把他轉為正式黨員。後來他還當選為斯維爾德洛夫市奧爾忠尼啟則區蘇維埃的代表。

　　雖然是寒冬，他卻為在政治和工作上得到承認而感覺到很高的熱情和激動。看來，生活似乎依然充滿了希望。

　　他總算浮上了水面，得以平視動盪的社會和看清浪濤的起伏。

柳岸花明又一村

在這個期間，蘇聯國內的政情十分緊張，大清洗的惡浪還在醞釀之中。因基洛夫被殺而進行的一些審訊和流放達到了高潮。

葉利箚羅夫從報刊上看到的是，史達林越來越頻繁地出現在大庭廣眾之中，這位偉大的領袖面帶微笑，由一些先進工作者和集體農莊莊員簇擁著，他還在公眾節日時出現，給獲得勝利的運動員發獎，接受孩子們的獻花，並且笑容可掬地同各種各樣的人物合影。他那悠然自得的樣子給人們一種印象，這下國家似乎可以長治久安了。

在各個領域確實出現了一些令人欣慰的跡象，一些過去反對過史達林的人已經同他和解了，還擔任了重要領導職務。軍隊裏恢復了軍銜，葉利箚羅夫十分高興地在報上看到一個消息：許多戰功卓著和在軍事研究方面做出貢獻的人榮膺蘇聯元帥的稱號。這裏有他在列寧格勒工農紅軍托爾馬喬夫軍事學院時曾經聽過其軍事課的圖哈切夫斯基；他在廣州時就已熟悉其姓名的加倫將軍；他在軍校學習時在許多書刊中早就讀過其戰鬥事蹟的神奇將軍布瓊尼，還有伏羅希洛夫、葉戈羅夫等等。

關於社會主義建設成就的宣傳方興未艾，喜慶氣氛似乎正把不久前的恐怖心理逐漸沖淡。人們又在宣傳媒介的導引下迎來了另一個有聲有色的歡樂浪潮，它是由一個在蘇聯社會生活中具有劃時代意義的事件—新型的社會主義憲法引起的。

新憲法給與社會上所有的人以選舉權，以直接選舉代替了多

級選舉。這體現出蘇聯已經在自己的國家裏建立了世界上獨一無二的社會主義民主，全體人民都享有勞動權、文化教育權、休息權等等。社會主義制度已經在蘇聯社會生活的各個方面確立下來了。總之，新憲法就像十月革命後的年代一樣，又把人們帶入了一個盲目狂喜的意境。

一些有心人不難看出，就是在這「萬民歡騰」的時候，正有多少無辜變成了冤魂，莫斯科盧比楊卡的拘留所裏幾乎每天都用高音播放的樂聲來掩蓋被審問者因不堪拷打而發出的慘叫。

這種感覺使他不能平靜。他聽說一九三六年八月已經有一個大規模的「十六人審判團」，季諾維也夫等人開始受到秘密審判了，更有人說那是史達林在親自主持審訊……一次，有人告訴葉利簡羅夫，他崇拜的校長拉狄克也好像要大禍臨頭了……

「上帝保佑，但願我不至於再遭到什麼不測……」葉利簡羅夫這樣考慮著，希冀著，「我已經是有家室的人了……」「上帝」沒有保佑他，讓他經受了又一次驚嚇。

一九三七年一月十五日《烏拉爾工人報》開始向他和他的「後臺」發難了。該報載文指出，蘇聯共產黨（布）奧爾忠尼啟則區委會揭露出《為重工業而奮鬥日報》編輯部在工作中犯下的一系列嚴重政治錯誤，並說其主要原因是「蘇聯共產黨區委對該報領導不力」，於是蘇聯共產黨的老黨員奧爾忠尼啟則區委的書記、葉利簡羅夫的入黨介紹人便成了「人民的敵人」，慘死在瘋狂的大清洗浪潮中。

葉利簡羅夫知道他不能左右自己的命運，索性橫下一條心，反正死豬不怕開水燙，聽天由命吧。

他像一個失控的船在風浪中顛蕩。不知道會落在什麼地方，是到達平靜的港灣還是葬身魚腹。

　　西方的社會民主黨和資產階級政府偏偏在這個時刻煞風景地發表評論，他們把蘇聯的「一片歡騰」和整個社會生活描寫成血雨腥風前狂熱的躁動，說是史達林關於憲法的報告是在用「自由的詞藻和許諾遮住鐵幕後的斷頭臺」。

　　然而，葉利簡羅夫絕對沒有想到，在這個重要的歷史關頭，他十多年來扮演的那種「籌碼」和「人質」』的角色即將結束，他在兩國四方的複雜關係中被迫扮演的最後一幕出現了柳暗花明的境地。

12年夙願返故鄉

　　一九三六年十二月七日他被烏拉爾重型機器製造廠的黨組織會議通過由蘇聯共產黨候補黨員轉為正式黨員後的第五天即十二月十二日，中國發生了西安事變。

　　得知這個消息後，葉利箚羅夫非常著急，他不顧一切地馬上提筆給父母親寫了一封信，希望能夠與他們聯絡上。這自然是沒有用的。在王明和蘇聯內務部門嚴密控制和監視下，他怎麼能從他們的眼皮底下給中國南京政府的首腦寄信呢！他明白自己的處境，就把信帶在身上立刻動身到莫斯科去，找到了在郵局工作的朋友蓋舍爾斯坦，想請他幫助把信寄出蘇聯。朋友答應了，但信的下落只有天知道。

　　另外，葉利箚羅夫自己壯著膽子給共產國際總書記季米特洛夫和蘇聯黨政軍的總負責人史達林寫了信，正式提出回國的要求。

　　蔣介石自然盼望兒子歸國，但是他對共產國際奈何不得。

　　在正常情況下，父子情母子情乃是人的天性。這勿容多言。毛福梅十多年不見兒子，想念的程度可想而知。蔣介石身為政府首腦，但是從生物學的角度來說，他首先是一個人。不管他是反動還是革命，常言道虎毒不食子，況人乎。早在一九三六年夏天蔣廷黻赴莫斯科之前，蔣介石和宋美齡就把探聽蔣經國情況之事相托，希望蘇聯當局能夠允許他回國。

　　話說共產國際和史達林收到葉利箚羅夫要求回國的那封信

後，就通知他到莫斯科去。那時離他發信約過了3個星期，大約在1937年年初。中國共產黨駐共產國際代表團的王明對他說：「你很快就可返回中國了。但是，我們考慮到你過去參加過托洛茨基反對派的情況，所以要求你先寫一封信，做出兩點保證，一是回國以後不參加中國託派的活動，二是不與中國共產黨作對，這後一點特別重要。」

葉利簡羅夫有了上次的經驗，知道非按照他們的要求做不可，就寫了一封信。可是仍然沒有獲准馬上回國。他等了一天又一天，沒有消息。

過了三四天，有一個德國共產黨員叫斯賓奈拉的來找他，把共產國際討論的情況和決定告訴他：「看樣子你只有先回你的烏拉爾重型機器製造廠了，我已經向共產國際轉達了你的要求，但是中國共產黨的代表團讓你先回去。有人說你是一個『不可靠分子』。為這件事共產國際討論過幾次。有一次某人說，對不起，請不要問是誰，說你改變不了你的思想感情，原話是：『蔣介石這棵蘋果樹上結不出好果子，蔣經國是他這棵樹上結出來的，不管兒子表現怎麼樣好，他的根是不會改變的，他永遠是蔣介石的兒子，是蔣介石那棵樹上的果子。』你看，共產國際也有為難處呀。不過我想，根據我掌握的情況，這件事用不了多久就會解決。」

他對王明「功夫」之深，能量之大，兩面派手法之高又有了更進一步體會，可是眼下只好回到烏拉爾重型機器製造廠去。

他萬萬沒有想到，回到工廠之後，他又一次丟失了自己的工作。

萬般無奈之際，葉利筍羅夫又給史達林寫了一封信，此次口氣比前更加強硬，堅決要求返回中國。

　　葉利筍羅夫把信發出後，就焦急地等待著，他已經沒有工作了，每天度日如年。過了一個星期，有一天法伊娜・瓦赫列娃下班回來對他說：「今天工廠黨委的人告訴我說蘇聯政府外交部人民委員部讓你到莫斯科去。」

　　「還說什麼了？」葉利筍羅夫有些驚奇，因為他的信剛剛發出去六七天，難道這麼快就有了回音？

　　「沒有別的話。」法伊娜回答說。「去吧，還不是為了你回國的事，你對他們說，回國也好，不讓回國也好，總不能不讓工作。」

　　葉利筍羅夫默默地聽著，第二天就上路赴莫斯科了。

　　蘇聯副外交人民委員斯托莫尼亞科夫把蔣經國請到辦公室來，和藹地對他說：「中國政府要求我們將您送回，蘇聯政府現在認為中國政府和蔣委員長是友好的，所以我們願意接受朋友的這項請求，把你送回中國。」

　　葉利筍羅夫不勝驚奇，甚至不敢相信這是真的，驚喜交集之際他竟然不知道怎樣回答，半天沒說出一句話來。斯托莫尼亞科夫覺察到葉利筍羅夫的激動，便說：「如果您同意，我可以馬上給令尊發一個電報，告訴他您即將回國。您看……」

　　到這時候葉利筍羅夫才說出一句話：「我……我……當然，我很想回中國去。」

　　葉利筍羅夫回到旅館之後，早就有外交部人民委員部的其他人在那裏等待他了。史達林的密友李希巴托夫通過一個過去認

識葉利箚羅夫的人介紹前來，向他問寒問暖。葉利箚羅夫的印象是：政治這個東西最是反復無常，今天是敵人，不共戴天，明天就是朋友，握手言歡。

蘇聯副外交人民委員、駐中國大使鮑格莫洛夫也邀請他前往外交人民委員部：「很為您高興，聽說您要回中國了。祝賀您了。還有什麼事情要辦理，請不要客氣，告訴我們，我們很樂意為您盡力。」

「謝謝，沒有什麼要麻煩您的了。」葉利箚羅夫接受了他和所有人的熱情關懷，後來他還從大使的介紹中瞭解了不少關於中國在蔣委員長領導下抗日的情況。

這個當年幾經淪為階下囚或險些被凍死在阿勒泰冰天雪地中的葉利箚羅夫，此時居然成了蘇聯副外交人民委員李維諾夫的座上客。

「我們很高興與中國合作，中蘇關係正在改善，我們對南京政府及蔣總司令有很透徹的認識，中國在近四五年裏有了長足的進步。請轉告令尊，我們希望中蘇兩國今後不僅在地理上而且還在政治上有更加密切的合作，請問候蔣委員長和貴國外交部，祝您一路平安。」

作為這一系列拜訪終曲的，是王明的到來。他一反往日不可一世的神態，這一天格外和氣，親切，好像不是來看望他囊中的獵物而是會見久違的老朋友。葉利箚羅夫心不在焉地同他寒暄了一陣就分手了。

同他們告別後，蔣經國就到中國大使館去了。

蔣經國離開旅館，冒著零下二十多度的酷寒，在冷清的

莫斯科大街上走著，朝著中國大使館的方向，他有一種風雪夜歸，朝著自己家的燈光奔去的感覺。幾天的忙碌和應付各方客人之後，他有些疲勞了，夾著雪花的寒風並不使他覺得冷，反而驅散了他的倦意，吸著一股股清新的空氣，他感覺精神抖擻。此時他不必再懼怕同任何中國人接觸，也不會再有什麼人盯他的梢了。

「自由！我好像自由了！」他這樣想著，邊走邊品味著「自由」。

就在這個風雪交加的夜裏，大使下班之後正和館員們聊天。

蔣經國敲響了中國大使館的門。守門人見來者是陌生人，就沒有馬上請他進去，只讓在會客室裏小坐：「請問先生尊姓大名？」來客不答，只說：「不見大使，我不能說出姓名。」

秘書只好把客人領到大使那裏：「這就是蔣廷黻大使。」

蔣經國行了禮，伸出了手：「您好，蔣大使，我是蔣經國。」

蔣廷黻不勝驚奇，他踏破鐵鞋無覓處，一直等待的蔣公子就這樣突然出現在眼前了。蔣經國不等他從驚愕中清醒過來就急忙問：「大使先生，您認為我父親真的希望我回國嗎？」

「經國先生，委員長為您回國之事在一年多以前就已經托我們辦理了，只是礙於諸多麻煩一直未能使他如願。我們也不知道您在什麼地方，所以無從著手。現在蒙蘇聯如此周到安排，委員長一定非常高興。」

「可是，我還有些事情不知如何處理才好。」蔣經國表示為難了，竟找不到合適的話來表達。低下頭⋯⋯

「您有什麼事情儘管說。」蔣廷黻一面熱情地招呼蔣經國喝茶，一面說。

「我有一個很為難的事，我已經與一個俄國小姐結婚了，還有兩個孩子，此事父親不知道。」蔣經國好像在等待宣判似的等著大使的回答。

「這是一件喜事，怎麼是為難的事呢？委員長知道了一定很高興。」

在這裏蔣經國有一種回到家裏的感覺，蔣廷黻的態度自不必多說，對當朝太子的一切都會體貼入微的。

「如果這樣，我當然很高興。只是要回國，就得有一大筆費用，我現在沒有錢，因為曾經二度失業，本來就沒有積蓄；再說，還有護照等許多事要辦，我又不在莫斯科……僅有的一點錢還要……」

「這些事您就不必操心了，我們都會儘快辦好。」蔣廷黻滿口應承。「還有什麼事，請您不要客氣。」

「大使先生，我還想給父母買些禮品，不知道什麼東西合適。」蔣經國探詢大使的意思。

「這我們可以一起去看一看。」

第二天蔣廷黻和蔣經國去買了一個烏拉爾黑色大理石的桌上裝飾品給蔣介石，一件波斯羊皮外套給宋美齡。

至此一切都算安排停當了，蔣經國回烏拉爾重型機器製造廠去接家眷，那種喜悅就不必形容了。

過了幾天，蔣經國一家四口人來到莫斯科中國大使館。（其中一位在懷孕中），蔣廷黻為他們設宴送行，席間蔣經國談了回

國後的抱負，蔣延黻聽後對他說：

「這自然很好，只是先生多年不在國內，依拙見先生回國後一年內最好不要提出什麼政見，更不要把這理想對委員長說。請盡量設法瞭解中國各個方面的情況以及形成某些事件的原因，然後再提出解決辦法。」

共產國際執行委員會總書記季米特羅夫在蔣經國動身的那一天把他全家請到自己家裏，意味深長地對他說：

「現在我們都認為過去『以蘇維埃化來拯救中國』是錯誤的。請告訴令尊說共產黨絕對有誠心要與國民黨團結一致。我們都深明蔣介石是最能幹的戰略家，傑出的政治家和中國最偉大的領袖。請向他轉達我最誠摯的祝福。」

一九三七年三月二十五日蔣經國一家登上了二等特別快車，離開莫斯科，告別了紅色麥加，結束了他長達十二年的旅蘇生活。帶著失望和希望，帶著歡笑和眼淚，帶著冰天雪地的冷，帶著克里姆林宮塔頂上寶石的紅光……

再見了，莫斯科！

歸國12年的風雨路

跪拜生母淚千行

一九三七年四月十九日，蘇聯貨輪緩緩駛進黃浦江，蔣經國佇立在甲板上眺望，芬娜抱著年僅兩歲的艾倫陪著他。岸上的工廠、船塢，遠比經國記憶中來得多，污染越發嚴重。吳淞岸邊，日本海軍第三艦隊幾艘軍艦悄悄泊碇，灰色的帆布掩蓋著艦上的炮管⋯⋯

夏明曦曾有專文在一九八二年香港《大公報》上發表詳載這場母子相會：

> 在溪口，這一天，豐鎬房裏彙集了眾親百眷，熙熙攘攘熱鬧盈門。帳房間的電話鈴聲，從早到晚，響個不絕，是杭州來的專線報告。街上更是人來人往，熱鬧異常，標語橫額，張貼滿街；工商界的人做好紅條紙旗，置辦鞭炮，準備迎接蔣公子還鄉。
>
> 電話一個接一個，報告說，汽車從杭州出發了，沿著奉新公路駛來，陪同來的是溪口人毛慶祥。
>
> 下午二時，人們在「上山」洋橋那邊列隊迎接，一輛漂亮的雪佛蘭小汽車遠遠從西駛來，由遠而近，車中坐著蔣經國、蔣方良、蔣愛倫和毛慶祥四人，車近洋橋，便緩緩而駛，人群一擁而上，口號與鞭炮齊鳴，直鬧得震天價響。
>
> 汽車駛到豐鎬房大門口停下，這裏，舅父毛懋卿和姑丈宋周運、竺芝珊等人率領一批長輩們在門外等候。相見

之下，悲喜交集，連忙擁著外甥、外甥媳婦進入大門，直往內走，毛慶祥本來就是溪口毛家人，駕輕就熟，也陪著小主人循著月洞門徑自走進去。這豐鎬房本來是蔣經國的出生之地，幼時嬉戲於此，自然是熟習的，但現在反主為客，任人安排，一切都感陌生了。原來當他離家時，老家只幾間古舊的木結構樓房，如今經過一番修繕、擴建、粉壁畫柱、面貌大變。這一切怎麼不使這位離家日久的小主人倍感「華堂春暖福無邊」呢！

她們決定讓母子相會的地點放在吃飯的客廳，為了試試兒子的眼力，她們坐著十來個人，讓經國自己來認親娘。

在客廳裏，現在坐著的是十來個壯年和老年女人，這就是：毛氏自己、姚氏冶成、大姑蔣瑞春、小姑蔣瑞蓮、姨媽毛意鳳、大舅母毛懋卿夫人、小舅母張定根、嫂子孫維梅及毛氏的結拜姐妹張月娥、陳志堅、任富娥等。大家熱情洋溢、興高采烈、等待經國來認娘。

人們簇擁著蔣經國、蔣方良和愛倫，走向客廳間來，一入門內，空氣頓時變得緊張起來。

這時蔣經國，一步緊似一步，一眼望見親娘坐在正中，便急步踏上，抱膝跪下，放聲大哭！方良和愛倫也上前跪哭！毛氏早已心酸，禁不住兒子的大哭，也抱頭痛哭！一時哭聲震盪室內，好不悽楚！經眾人相勸，才止哭歡笑。毛氏對大家說：「今天我們母子相會，本是喜事，不應該哭，但這是喜哭。」

第三天，豐鎬房內張燈結綵，賓客盈門，喜上加喜。原來蔣經國孝母情重，為討娘歡喜，遵循溪口鄉俗，補辦婚禮。

禮堂就是他家的「報本堂」，他們的婚儀，完全老式：新郎蔣經國，身穿長袍黑馬褂，頭戴呢帽；新娘方良鳳冠彩裙，一如戲臺的誥命夫人。「報本堂」內燈燭輝煌。伏豬伏羊，絲竹大鳴，一拜天地、二拜祖宗、三拜父母。禮畢，鞭炮齊放，鑼鼓喧天，進入洞房。

溪口風俗，凡是在外完婚的人，回到家裏均要「料理禮水」，即置辦酒席請同族吃酒。蔣宅不能免俗，這一席喜酒，足足辦了四五十桌。毛氏囑咐總管宋漲生說：「凡親朋眾友所送禮儀，一律不收，長輩茶儀受之。」

豐鎬房一連熱鬧了五六天，待眾親百眷散去，這才靜下來，進入正常的生活程式。

毛福梅，蔣經國母子相聚的那份天倫之樂，曹聚仁在《蔣經國論》一文中說得更活潑傳神：

「他的歸來，對於毛太夫人是極大安慰，她撈到了一顆水底的月亮，在她失去了天邊的太陽之後。這位老太太曾經為了她的丈夫在西安遭遇的大不幸，焚香祈禱上蒼，願以身代。她相信這點虔誠的心願，上天賜還了她的兒子，她一直菇素念佛，在那老廟裏虔修勝業，她對著這位紅眉毛綠眼睛、高鼻樑的媳婦發怔。可是，那個活潑又有趣的孫

兒，卻使她愛不忍釋。這位洋媳婦穿起了旗袍，學著用筷子，慢慢說起寧波話來了。那個夏天，他們這一小圈子，就在炮火連天的大局面中，過著樂陶陶的天倫生活。」

而這一切，卻又是發生拜見後媽之後。

傳說，蔣經國由上海至杭州拜見蔣介石、宋美齡時杭州國民政府主席別館的大門一關上，蔣經國便撲通跪下，向父親三叩首。蔣介石曾有意冷落蔣經國，讓他苦等了兩個星期，後經陳佈雷進言緩頰，蔣介石才傳諭召晤。

蔣介石問蔣經國打算，蔣經國表示，願在政治、工業間，任擇其一。

蔣介石吩咐，先拜見宋美齡，然後去溪口拜見生母。休息調整一番，然後再論工作，來日方長。蔣經國深知在「中國的第一家庭」政治因素的重要性與微妙之處，只能服從父命，先去拜認了宋美齡「媽媽」，以討蔣介石、宋美齡的歡心。蔣介石見了兒子、兒媳、孫子也異常高興，立即為洋兒媳取中文名「芳娘」冠夫姓後成為蔣芳娘，（後由毛福梅改為「方良」）。同時，按蔣家譜系，為孫子愛倫取名孝文。對於蔣經國的恭敬態度，宋美齡也頗滿意，她送給蔣經國十萬元鉅款作為認母的見面禮。

見父日記情深長

　　蔣介石在一九三六年四月九日的日記中寫道:「校正十四（一九二五）年年譜初稿,閱至十月十九日經兒赴俄句,不禁感慨。」此處所說「年譜初稿」,實即毛思誠所編《民國十五年以前之蔣介石先生》,其在一九二五年十月十九日的記載中有:「是日,長公子經國,啟程赴俄莫斯科,留學孫文大學。」這看似普通平常的一句話,讓蔣介石「不禁感慨」,是因為它再次觸發了蔣長達十多年的思子之情。

　　據江南的《蔣經國傳》,一九二五年蘇聯在莫斯科建立孫逸仙大學,以紀念孫中山先生,培養中國革命的新生力量。投考者頗多,蔣經國等三十位國民黨要員的子弟因得到蘇聯顧問鮑羅廷特別推薦而被錄取。蔣經國去蘇聯的意願十分強烈,蔣介石對經國留學的態度起初是「處於兩可之間」,但最後還是首肯。但他沒有想到,父子一別,竟是十二年的生死離別。

　　一九二七年蔣介石一改過去的「聯蘇」政策,實行反蘇反共,趕走蘇聯顧問,屠殺共產黨人。蔣經國在蘇聯陷入尷尬與危險之境,他在一九二七年至一九三一年間曾兩次向蘇聯方面提請回國,都被拒絕。蔣介石設法營救蔣經國回國,亦被蘇聯方面以種種理由推脫拒絕。蔣介石作為一個父親,又身為一國領袖,面對蘇聯以其子安危相挾,在「黨國利益」與親子安危之間,他做出了怎樣的抉擇,內心有著怎樣的感情糾葛?

　　一九二八年十二月九日,蔣介石聞蔣經國在蘇處境不利,

不禁感歎：「今日見報載，經兒被俄共放逐於白海，吾心固泰然也，然而吾無以對先慈愛孫之心之切矣，豈天果欲使我有虧於天性之愛乎。嗚呼，吾亦惟有實行吾救國救民革命之志以報我先慈。夫革命之子弟亦皆為吾之子弟，何必戚戚以子侄為念。」

拒絕交換「國」為先

一九三一年，蔣經國有了一次可以被蔣介石贖回中國的機會。蔣介石在日記中對此事有較詳細的記述：「孫夫人（宋慶齡——引者）欲釋放蘇俄共黨東方部，告其罪狀已甚彰明，而強餘釋放。又以經國交還相誘。」日記中所稱「蘇俄共黨東方部」應指國民黨當局剛剛逮捕的蘇聯情報人員牛蘭。蔣介石「清黨」後，蘇共和共產國際對中國的局勢感到十分迷茫，遠東局派遣波蘭籍情報人員牛蘭赴中國調查。牛蘭於一九三〇年三月偕夫人由莫斯科來到上海，對外稱是「泛太平洋產業同盟」秘書處秘書。一九三一年六月，牛蘭夫婦在上海租界被捕，被引渡給國民黨當局。牛蘭被捕後，共產國際、蘇聯政府和中共中央有關部門動員各方面力量緊急營救未果，蘇聯當局便透過在國民黨內有一定地位的孫中山夫人宋慶齡協調此事。當時，宋慶齡為奔母喪匆匆離開德國，一九三一年八月十三日經莫斯科抵達上海，回國後即多方奔走，擔負起營救牛蘭的重任。從日記中反映的情況看，宋慶齡曾見到蔣介石，提出釋放牛蘭的要求，並提出以蔣經國回國為交換條件。面對這一很有吸引力的交換條件，蔣介石做出了怎樣的抉擇？他在日記中詳述了自己的想法和決定：

> 余寧使經國不還，或任蘇俄殘殺，而決不願以害國亡之罪犯以換親子也。絕種亡國，乃數也，余何能希冀倖免。但求法不由我而犯，國不由我而賣，以保全我父母之令

名，使無忝此生則幾矣，區區後嗣，豈余所懷耶？（《日記》，一九三一年十二月十六日）

以蔣之性格，極厭惡受人脅迫，因此對宋提出的以蔣經國交換牛蘭的要求，反應十分強烈，震怒之情躍然紙上。但蔣也非意氣用事之人，他之所以拒絕宋的提議，更核心的原因是「黨國利益」，因此，他決定決不釋放「害國亡之罪犯以換親子」，即使這一決定可能意味著「經國不還，或任蘇俄殘殺」。在「家」與「國」之間他做出了甚為堅決的選擇。蔣在此處的記述頗為悲壯，聲稱「區區後嗣，豈餘所懷耶？」字字鏗鏘有力，斬釘截鐵。但其內心果真如文字所述對子嗣毫無所懷？

數日後，時值耶誕節，蔣介石在日記中記道：

今日為耶穌聖誕。上午，禱告後下山遊覽。下午，約小學生來慈菴唱歌。晚，約友歡聚，時念慈母並念經兒，而夫妻倆人如賓相敬，雖無子女亦至樂也。（《日記》，一九三一年十二月二十五日）

逢節思親，已是基督徒的蔣介石在耶誕節想到的是母親與兒子，「時念慈母並念經兒」，可見他在前段日記中所發「區區後嗣，豈餘所懷耶」之感慨，不能僅從字面理解。蔣前段日記所記正是在拒絕宋慶齡要求後而發，那一段「豪言壯語」與其說是平靜狀態下的內心獨白，毋寧說是震怒之下的感情宣洩。在求得兒子的平安與維護「黨國利益」之間，他選擇了後者。他也明白

蔣經國能否回來已是未知，惟有接受現實，幸而有愛妻宋美齡相伴，讓他感覺「雖無子女亦至樂也」。在這日記前後文字的矛盾轉折之間，多少洩露出蔣內心的起伏和感情糾葛。

未隔兩日，蔣又在日記中抒發由掛念兒子安危所引發的感想：

> 嘗思傳世在事業與德行，而不在子孫。史中聖賢豪傑忠臣烈士每多無後，而其精神事業卓絕千秋，余何為先人而獨憂無後，其志之小可鄙孰甚。經國如未為俄寇所陷，則餘雖不能生見其面，適餘死後，彼必有歸鄉之一日，如此，則餘願早死以安先人之靈也。（《日記》，一九三一年十二月二十七日）

一九三一年底的蔣介石正處於事業的低谷，不久前他被迫第二次下野，回鄉避居。身處此間更加深了他對兒子的思念，何況中國的傳統倫理觀念對子嗣傳承極為重視，古雲：「不孝有三，無後為大」，深受中國傳統文化薰陶的蔣介石對此也有一份執著。他雖在日記中自責不該只憂慮無後，並說自己「其志之小可鄙孰甚」，但聯繫前幾段日記，這些文字恰恰表明他對蔣經國身陷蘇聯而帶來的無後傳承的問題不是毫無介懷的。

蔣介石思念蔣經國的這些日記裏，還透露出一個重要資訊，即蔣緯國確實不是其親生。蔣在公開場合下，都說緯國是其兒子，並有「緯兒可愛」的評語，但若蔣緯國真是親生，蔣介石又何必一再在日記中表達出沒有經國就是「無後」、「絕種」的意思。

雖然在蔣不願為一己私情而以「黨國利益」交換蔣經國回國，但他一直在等待有利時機。

托人尋子思斷腸

一九三二年十二月十二日，中蘇在日內瓦宣佈恢復邦交，兩國關係似乎現出了解凍的曙光，然而實際上此後的幾年間種種障礙使得兩國關係一直躑躅不前。一九三四年十月，知名學者、清華大學教授蔣廷黻赴蘇聯考察，臨行前，蔣介石委託其「研究蘇聯的情況」，並「測探中蘇兩國合作的可能性」。而由夫人宋美齡向他轉達了蔣介石想念兒子之意。這一「公」一「私」的表達方式，很是得體，顯示蔣介石與宋美齡配合何等默契。蔣廷黻到達蘇聯後，立即向蘇聯方面提出遣返蔣經國的問題。但史達林顯然認為讓蔣經國回中國為時尚早。據蔣經國自傳所記，當時蘇聯當局百般阻撓他回國，甚至要求他寫信給莫斯科外交部，表明自己不願回國，被他所拒絕。之後，中國駐蘇大使館外交官要求面見蔣經國，蘇方又對整個談話過程進行嚴密監視，使他不敢稍露回國之意。這次營救蔣經國回國的行動無果而終。蔣介石在日記中也有記載，他表示：「得經國不願回國之消息，乃知俄寇之詐偽未已而已，必仍泰然自若，無所疑慮。當此家難，能一笑置之，自以為有進步也。」（《日記》，一九三四年十二月十四日）對於從蘇聯方面傳來的蔣經國不願回國的消息，蔣介石十分肯定是蘇聯人阻撓蔣經國回國的「詐偽」之行，非蔣經國本意。

蔣介石對蔣經國被扣在蘇聯回國遙遙無期一事，很難釋懷，有時難免會胡思亂想。

蔣介石從「塞翁失馬，焉知非福」的角度考慮其利弊得失，

認為如果不是有蔣經國在蘇聯，令鮑羅廷和中共方面感到可以此為恃，則他自己肯定會被殺害了。因為經國在蘇聯，自己這才逃過一劫，此「實救我國家與救我生命之最大關鍵」。

西安事變留「遺囑」

一九三六年一月莫斯科《真理報》上刊登了蔣經國的《獻給母親的信》，信中對蔣介石極盡譴責，斥其為中國人民的仇敵，也是蔣經國本人的仇敵，表明要與其父蔣介石劃清界限。（據蔣經國回國後申明，此信是陳紹禹也就是王明逼他寫的。）此信引起國際國內輿論一片譁然，不少人猜測蔣介石看到親生兒子的這封「大逆不道」的信後，必然怒不可遏。那麼蔣介石看到信後究竟反應如何？他在日記中對此事有記述：「近日身體雖勞而心神甚樂，夫妻同心前途遠大也。得經兒在莫斯科報上致其母函，詆毀其父之消息，疑信未定，而中心為之一慰。」（《日記》，一九三六年二月十四日）此處的文字表述相當平和，無絲毫情緒激動的跡象。當他看到以兒子的名義公開發表的信後，首先表現的不是憤怒和不滿，而是對此信「詆毀其父」的真實性表示懷疑。繼之，則有「心為之一慰」之感。此信如此「大逆不道」，他卻還感到安慰。令蔣介石更擔心經國的安危，而讀到有經國親筆署名的信，至少證明他暫無性命之憂。這封信讓蔣介石看到了最希望得到的資訊，即確認蔣經國的平安。至於內容如何，反倒不是他最看重的了。

一九三六年十二月，西安事變發生時，蔣介石被扣，在生死未蔔之際，他分別給宋美齡、蔣經國與蔣緯國各留下一份遺囑。全文如下：

賢妻愛鑒：兄不自檢束，竟遭不測之禍，致令至愛憂傷，罪何可言。今事既至此，惟有不愧為吾妻之丈夫，亦不愧負吾總理與吾父吾母一生之教養，必以清白之身還我先生，只求不愧不怍無負上帝神明而已。家事並無掛念，惟經國與緯國兩兒皆為兄之子，亦即吾妻之子，萬望至愛視如己出，以慰吾靈。經兒遠離十年，其近日性情如何，兄固不得而知；惟緯兒至孝知義，其必能克盡孝道。彼於我遭難前一日尚來函，極想為吾至愛盡其孝道也。彼現駐柏林，通信可由大使館轉。甚望吾至愛能去電以慰之為感。

廿五年十二月二十日中正

又囑經、緯兩兒：我既為革命而生，自當為革命而死，甚望兩兒不愧為我之子而已。我一生惟有宋女士為我惟一之妻，如你們自認為我之子，則宋女士亦即為兩兒惟一之母。我死之後，無論何時，皆須以你母親宋女士之命是從，以慰吾靈。是囑。

父十二月二十日

　　細讀兩份遺囑，蔣在生死關頭確實動了感情。除了夫妻情、父子情外，他最惦念的是死後宋美齡與蔣經國、蔣緯國的關係。宋美齡只比蔣經國大11歲，蔣宋結婚時，蔣經國已在蘇聯，且曾公開譴責過蔣介石的反共行徑，遺囑中並坦言自己對經國的思想與現狀並不瞭解：「其近日性情如何，兄（蔣介石自稱——引者）固不得而知。」故蔣在遺囑中既要宋美齡對兩個兒子「至愛

拋棄馬列換思想

　　蔣介石讓剛剛返國的蔣經國隱居溪口，可謂用心良苦。他擔心蔣經國和後母宋美齡合不來，經常在一起勢必引起不必要的衝突，而讓蔣經國回家鄉，既可緩和矛盾，同時又可使他在生母毛福梅身邊盡孝。去撫慰那被他遺棄多年的髮妻的孤寂和相思之苦。而更為重要的一層意義，是溪口老家環境安靜、穩定，變化無多，利於經過十二年之久共產黨教育和馬克思主義陶冶「中毒已深」的蔣經國「洗心革面」，修身養性。因此，蔣經國回鄉補辦完婚禮之後，就奉父命攜妻子兒女，住進「小洋房」別墅，除就近探望小時候常去的至親好友處以外，每日深居書房，閉門讀書。一是讀些蔣介石親自指定的《朱子綱目》、《王陽明全集》、《曾文正公家書》等古籍，回過頭來接受中國傳統的倫理道德的洗禮。蔣介石自己奉曾國藩為稀世聖賢，自然也希望蔣經國也父規子隨。蔣經國回憶說：「我回國以後，父親要我讀《曾文正公家書》和《王陽明全集》，尤其對於前者，特別注重。父親認為曾文正公對於子弟的訓誡，可作模範，要我們體會，並且依照家訓去實行，平常我寫信去請安，父親因為事忙，有時來不及詳細答復，就指定曾文正公家訓的第幾篇代替回信，要我細細去閱讀。」二是讀些《總理全集》和《民國十五年以前的蔣介石先生》之類的書籍，並做三民主義的閱讀筆記。蔣經國說：「父親因為我童年就已出國，而在國外時間又太久，怕我對中國固有的道德哲學與建國精神沒有深切的瞭解，所以，又特別指示我研

讀國父遺教。」此外，蔣經國還有一個重要的任務，那就是要向蔣介石寫一份詳細的《旅俄報告》，重新認識在蘇聯的一段生活，以徹底消除共產主義意識形態的影響。

為了幫助蔣經國補習中文，研讀古書，蔣介石給他請來了一位教師，名叫徐道鄰，是北洋軍閥徐樹錚之子，當時任南昌行營設計委員會秘書，為政學系少壯分子，頗受蔣介石器重，以後官至國民黨行政院副秘書長。徐道鄰同他的義大利籍妻子和一個保姆就住在小洋房樓下。

當時到「小洋房」就教的，還有毛福梅推薦的武嶺學校國文教員黃寄慈。蔣經國也請來了留蘇同學高理文、表弟竺培鳳等同來伴讀。

其時，張學良以「讀書」名義被蔣介石軟禁在雪竇寺，蔣經國也曾奉命與張學良一道在雪竇寺讀書。據蔣經國說：「張學良專攻《明史》，我讀《朱子綱目》、《陽明全書》和《曾文正公家書》。」

對於蔣經國這段在溪口家鄉「洗腦」式的讀書生活，蔣介石雖不在側，但卻抓得很緊，家信頻頻，進行「遙控」：

一九三七年五月六日，蔣介石來信：

經兒、培甥知之：經兒30日來稟，文字比較皆有進步，若能專心向學，則三個月後必能復舊或較前更有進步也。現在要文章進步，第一，還是要多讀古文，並須讀得爛熟，背之再背，大約每篇古文至少要讀一百遍以上，到月底並須將從前所讀書全部理習一遍；如尚生疏，則再誦讀，必

然再能背通，毫無阻隔，然後方休。如此則三個月後，約可三十篇長文可以背誦，則文章必暢通矣；若能有百篇古文爛熟於胸中，則能成文豪矣。習字尤為緊要，培甥之字較一般青年為秀麗；但尚須用功練習，以其字僅得之於天性，而未下苦工，故無根底也。我定明日回滬，約住數日，待補牙完妥，即赴牯嶺休息，以體未復原也。你們今年避暑可在相量崗廠內，較之他處為佳，且讀書用功仍可不致間斷也。

一九三七年五月十二日，蔣介石來信：

經兒知之：八日來稟比三日之稟進步甚大，字體猶然，甚慰。你以後看書應多注意中國固有道德，建國精神與其哲學。孫文學說一書，實為中國哲學之基礎；而三民主義則為中國哲學具體之表現，譯文決不能徹底闡明其精神。俄文譯本更將其中精華捨棄未譯，故你應將孫文學說看了二遍之後，即看三民主義民族、民生與民權各主義之原書全文；並應將其心得及批評之點，摘記另錄，以備呈閱。民生主義中批評馬克思主義各節，尤應將原文寄還寶藏家中，可作寶貴材料也。我身體大好，可問培甥即知其詳。你今後一年內安心在家讀書，與研究農村利弊，如有餘暇，或可以易處略加改正，造福鄉人；但不可開始時即用勉強方式，只可勸導之，使漸能改良，使之信仰，則以後當易為力也。你身體不甚健康，應於暑假時多注意體育運

動，務於此半年內體格使之強壯為要。其他讀書辦法，已述於徐先生信內，你可照辦。暑期將到，應即上妙高臺或相量岡避暑，如徐先生住妙高臺或雪竇寺，你們住相量岡，則每日可彼此朝往夕歸，亦健身之法也。

一九三七年七月二十四日，蔣介石來信：

經兒知之：來稟改正寄回，希詳加研究，旅俄報告請人不如自譯，以自己不能自著國文，反要請人來譯國文，亦一恥事也。惟待國文著成後，可請一懂俄文者修正則可也；我正在代覓中，將來當介紹來家相見。你此時應專心研究國文與習字著書，不必分心於倭寇之擾華，以我必有以制之也。近日在京雖忙，但精神甚佳。上星期日在赤炎之下，露天演講二小時之久，尚不覺疲乏；可知身體已完全復原，則此可為黨國與民族自慰者也。

從上述幾封家信中，可以清楚地看到蔣介石想把兒子頭腦中的馬列主義徹底清除掉的急切心情，他再三叮囑蔣經國「要多讀古文」要深刻理解「孫文學說一書，實為中國哲學之基礎，而三民主義則為中國哲學的具體表現。」他催促蔣經國趕緊完成「旅俄報告」，目的是使蔣經國「常自省覽」，與馬列主義徹底決裂。回國後的蔣經國，逐步成為父親的左膀右臂。蔣介石一生從未信任過任何人，只有夫人宋美齡與兒子蔣經國例外。

三年贛南百姓情

　　抗日戰爭爆發後，蔣經國結束了寧靜的讀書生活，由奉化到了重慶。不久，政學系首腦、江西省政府主席熊式輝迎合蔣介石的心意，於一九三八年一月任命蔣經國為江西省保安處少將副處長。這是蔣經國回國後在政治舞臺上扮演的第一個角色。蔣經國也很想去江西施展一下他從蘇聯學習到的一套本事，作為今後政治活動的資本，於是很快走馬上任。

　　位於贛江旁的南昌是個工業、礦業城市，此時擠滿數十萬難民，一片混亂。經國一家遷入一棟樸實、舒適的房子，他立刻投入工作。

　　蔣經國在江西省的主要職責是做好政府工作。熊式輝特別為他在省會南昌設置一個保安處副處長的位子，期待經國這個年輕人仕途有個良好的開端，不必擔負太多實質工作。不料蔣經國卻全心投入工作，地方黨政首長相當狼狽難堪。因為經國竟然在全省各地突襲訪視。熊式輝辦公室不久就湧進許多抱怨聲浪，指責小蔣的工作作風像共產黨。

　　熊式輝為了把蔣經國羈絆在南昌，成立「江西省地方政治講習院」，並且把這位年輕的少將調為新兵督練處處長。經國在這個職位上，第一次得負責下令把一位逃兵判處死刑！他也制定若干新法令協助農村徵募來的兵員，例如新兵在償付舊債之前可以有三年的寬限期，地主必須繼續把土地放租給士兵家屬等。

　　蔣經國因為邀請蘇聯軍事顧問到南昌反法西斯的集會上演

講，連蔣介石也接到報告，指控經國過分熱心、採取左派做法。戴笠奉蔣委員長指示，召見安徽省「忠義救國軍」（戴笠控制的另一個安全組織）負責人文強少將。文強是黃埔軍校畢業生，和蔣經國年齡相若。戴笠告訴他，蔣委員長要他定期和經國談話，講解中國國內政情，兒子才不至於受到共產黨影響。此後一年半的時間，文強每個月和經國見面一次。

蔣經國和文強見面時很注意聆聽，借此機會瞭解國民黨內各個派系以及重要人物之習性、底蘊。但是馬克思主義的訓練依然影響他的思想，他經常以「大資產階級」來稱呼孔祥熙、宋子文這些宋家姻親。後來他接受建議，在談及知名人物，尤其是親戚時，不再用這種說法。不過，據文強一九九五年九月二十六日在北京接受訪談時的說法，蔣經國從一開始就不想借用他父親的婚姻關係帶來的方便。文強也必須提醒經國，不要對蘇聯迭有好評。文強每次和經國談完話，都做下筆記，呈交戴笠，戴笠再轉呈給蔣介石。一九四九年之後，文強決定留在中國大陸，這裏頭意味著當年他頗有可能把報告也送交延安。

江西南部山區的章水、貢水合流，成為贛江，就在兩河匯合處有一塊平原，贛州城在此矗立。經國一家抵達時，贛縣人口大約十萬人，城裏一條大馬路南市街，兩旁是經年累月炊煙熏黑了的磚房。黃包車在石子路上顛簸，街上還有一座九層寶塔。

蔣家住到俯瞰贛州城一座小山上的西式洋房。蔣經國的新職是第四區行政專員兼保安司令；這塊統稱贛南的第四區，涵蓋整個江西南部十一個縣，人口約兩百萬。這塊地區長久以來受到桂系軍閥和地方土匪的控制，非常貧困落後。

蔣經國邀請幾位過去在莫斯科中山大學的同學，到贛南專員公署幫忙。其中之一是黃中美，中大同學認為他曾經替蘇聯特務機關當內線。黃中美出任經國的主任秘書，兼負成立情報網的任務。周百皆和俞季虞兩個中大同學，出任科長，另一位同學徐季元則擔任緝煙科科長。自稱曾被下放到西伯利亞勞改營的舊託派分子屈武，也到贛州任職。同時，蔣介石命令他在黃埔軍校的得意門生胡軌，也到贛州輔佐經國。蔣經國指派胡軌擔任三民主義青年團江西支團幹事長，日後胡成為小蔣親信股肱。

　　蔣經國奉派行政專員新職之後，立刻有系統地遍訪轄區各個角落。他每天走八十公里，不久就走遍一千五百公里，到處與農民、商人、公務員、文藝人士和難民交談。可是，所到之處並不是人人都歡迎他。傲慢的地方士紳難掩輕蔑之意，對他疑心十足。奸商不理他，照樣經營賭場、鴉片館，深信已經打點好的貪官污吏會保護他們。鄉間強盜攔路行搶，各姓宗族不時互相械鬥，老百姓久經欺凌，已經心如死水、漠不關心。

　　蔣經國認為恢復地方治安是第一要務，定下為期一年的「掃蕩行動」。熊式輝應他之請，把贛南已有三千兵力的保安隊再擴編；經國另外又成立一個有六百名兵勇的自衛隊。不過，他對付土匪是剿撫並用。有一天，他率領幾個隨從，不攜武器，只帶幾瓶好酒，親到崇義山區找土匪頭子周盛連。周某有如水滸中人，以攔路搶來的錢賑濟地方窮人。周某告訴蔣經國，是地方上的貪官逼得他走上梁山，落草為寇。酒過數巡之後，蔣經國提出過去一切罪行既往不咎，請周放棄不法行為，跟隨他一起做好事。周某大受感動，同意只要經國在贛南做行政專員，他一定不為非作

歹。總共有三十四名土匪頭子接受招安。據報導說。到了當年年底，共有五百四十一名土匪自首，經國指揮的各路警力也逮捕了兩千兩百四十六名盜匪，處死若干重犯。

蔣經國認為要降低犯罪率及減少盜匪，關鍵是肅清煙、賭、娼。夏天時，他宣佈禁絕吸食鴉片和賭博，違者「絕不寬貸」。兩名地方官吏的太太打麻將賭錢被抓到，被罰跪在抗日陣亡將士紀念碑前兩天。

取締娼妓可就更不容易。贛南十一縣共有一百五十家妓院，六百八十七名註冊公娼。傳統上縣庫收入有相當比重來自向妓院課稅。雖然如此，蔣經國還是在一九四一年取締娼妓．安排公娼轉到工廠做工，徵收妓院稅的單位也予以裁撤。據當地一名研究人員說，到了當年年底，贛南地區妓院已銷聲匿跡。

蔣經國又頒佈命令，各種地租一律減租百分之二十五．引進耕者有其田政策，在佃農土地上成立示範農場，並且把荒地放給貧農耕作。貧農領耕荒地，要分期付款。兩年之內，農業生產上升百分之二十。小蔣推動這些改革時，「與地方既有體制——如地主士紳，軍隊和黨部要員，幾乎完全沒有關係」。他努力要終止地主和「地方惡霸」加諸農民身上的許多壓榨行徑。

蔣經國初到贛南，便提出一個「建設新贛南」的提綱草案，並得到蔣介石的首肯，大加讚賞。蔣介石於一九三九年十月寫信給蔣經國：

　　經兒知之：十三日來稟誤寫為「三十」，想以事忙所致。
　　建設新贛南提綱草案，大致可用，間有字句不妥之處，已

加修改；托俞秘書另函寄還，待收到後酌量改正。惟做事應注重當地實際工作，不必施以對外宣傳；以吾子弟愈能隱藏，則愈不受人忌嫉，亦即吾家愈能積德種福，亦即所以報答祖先之福澤，為後世子孫多留餘蔭也。此乃壯年人，尤其汝等不可不知也。

蔣經國在贛南推行新政，雄心勃勃。他的目標很明確，就是要在贛南這塊「試驗田」內搞出一個國民黨的樣板來，以抵毀中國共產黨在全國的深刻影響。他經常將「新贛南」同當時享譽中外的革命聖地陝甘寧相比，向外界宣傳說：「共產黨有陝北，國民黨有贛南，誰成功，誰失敗，以後看！」

在蔣經國的治理整頓下，原來落後混亂的贛南，給人以耳目一新之感，「蔣青天」的稱號竟成為一時之譽。

贛南新政的激進改革，雖然一度被國民黨保守勢力指責為「赤化」，是「蘇聯社會主義的中國版」，但是讚揚、支持者也大有人在，認為給已陳腐的國民黨統治帶來了一番新氣象，注入了新活力。在這一過程中，為他由地方至中央、由贛南走向全國贏得了政治資本。

「以血洗血」仇滿腔

正在工作的興頭上，蔣經國突然接到母亡的電報。

據一九三九年前後任浙東駐軍司令王載揚老先生回憶：有一次我去看望太夫人，與她聊起了家常，我問太夫人：「你兒子在江西當專員，太夫人為何不到他那裏去？太夫人說：『我兒子還不錯，雖公務繁忙，但能常來看我，能孝順我，也聽我的話，只是我老了，在家習慣了』。」

王載揚老人不止一次地談到，蔣經國除了臉上有少許幼時出天花留下的麻點，整個臉型五官與毛夫人長得十分相象，特別是笑起來，兩人簡直是一個模子刻出來的。

一九三九年十二月十二日是王載揚終生難忘的日子。六架日寇飛機第一次轟炸溪口鎮，在轟炸中，蔣家當場遇難的有擔任帳房的外甥宋漲生、教方良國語的董老師等六人，另有多人受傷。

敵機遠遁，硝煙散盡後，躲避在外面的人們先後回來了，惟獨不見毛福梅。人們四處尋找無著，正焦急之際，王載揚率領士兵趕來，到了現場後，王載揚命令手下士兵全體出動，澆水滅火，搜尋現場。過了下午四點，空襲警報解除，毛氏的貼身侍婢阿香也回來了。

我問她夫人呢？她說：「我走時夫人還在房裏。」我怪她不該丟下夫人自己逃命！她哭著說：「空襲警報來的時候，夫人叫我走，我不走，夫人說日本人信佛的，她也是信佛的，日本人不會炸她。我還是不走，想拉夫人一起走，她知道拗不過我，便

使勁往門外推我，叫我先走，她隨後就來。」說罷又嗚嗚地哭起來。我又問她離開時夫人在哪？阿香說：「在大廳。」我馬上命令部下四下挖掘。

轟炸後的第二天中午，一名士兵發現後門不遠處有炸倒的牆頭微微隆起，挖開一看果然發現了毛氏的遺體，遺體上身完好，下部大腿斷裂，腸子外流，其狀甚慘。

王載揚回憶說：「見到太夫人的遺體，我當時真氣極了，恨不得一槍斃了阿香。後來手下人拉住我勸說，日本人才是罪魁禍首，讓我饒了阿香。我這才平靜了下來，打消了這個念頭。同時，把情況緊急通知熊主席和蔣經國。」

正在贛州的蔣經國接到喪母的電報後，心急如焚，立即日夜兼程趕回老家奔喪。車到家後尚未停穩，他便淚如泉湧，跌跌絆絆，口中呼喊著「姆媽」，撲倒在母親的遺體上，嚎啕大哭，在場者無不動容！

看到蔣經國一臉疲憊，我當即說：「蔣專員身體要緊，具體的事我們來辦，您一定要保重，人死不能複生，我們一定同仇敵愾，努力殺敵，為太夫人報仇！」他垂淚回答：「是的，刻骨銘心，此仇必報，血債一定要用血來還！」

靈柩趕制完畢，毛福梅葬禮如期舉行，因遽遭大難而傷心過度，蔣經國身體還很虛弱。所以葬禮臨時改由王載揚主持。

「我主持太夫人喪事時，心中交織著對太夫人的悼念和對日寇的仇恨，目不交睫數晝夜。那時遠道來弔唁者途為之塞，人們大多手持佛珠逶迤數十裏，足見太夫人平時善待鄉鄰。因鄉鄰擁至，我臨時借用了部隊米糧，叫炊事班做飯給弔客果腹。」

「到太夫人入殮時，身著壽衣，頸懸佛珠，蔣經國匍匐趨前，把太夫人胸前佛珠扶正，還輕摸太夫人雙眼使閉。其後舉棺出喪，送喪者人山人海，前導以學生的樂隊，我率隊殿后。」

「因一時找不著所謂『好風水』的墓地，蔣經國決定葬母於摩訶祖師殿前側。」蔣經國當時哽咽著說：「母親生前最喜歡這個地方，九泉有知，也必樂意。」言畢，揮筆疾書「以血洗血」四字，囑人刻立於其母罹難處，以表示他誓向日寇報仇雪恨的決心。一九四九年，蔣經國又請國民黨元老吳稚暉補寫了「顯妣毛太君之墓」碑字。

對答如流雄心壯

　　江西省第四行政區，自展開新贛南建設以來，歷時已十五個月。在此短促之十五個月中，贛南社會、文化、政治、經濟各方面，皆有新的轉變與進步，使過去素稱落後閉塞之贛南地方，一變為新興之地域。外界人士，無不以驚訝之眼光與神往之感情，注視此新中國最偏僻一隅之建設發展，而寄以同情期望。同時更有一部分人士，因未能完全獲悉推動新贛南建設各項實際情形，乃由驚訝之感，發生若干疑問．以為此種龐大之建設計畫，竟能於落後閉塞毫無建設基礎之地域，於短促之十五個月中，獲得逐步之實現與進展，必有特殊之工作方法，如巨額之建設經費如何籌措？驚人之建設力如何獲得？人民痛苦之解除，究已達到如何程度？新贛南之特點，究有如何不同？凡此種種疑問之提出，吾人時有所聞，且各方亟欲獲得一足能充分瞭解之答案，為此記者（曹聚仁）昨日特往謁蔣經國先生提出詢問多點，承其發表如下之談話：

　　問：「新贛南三年計畫頗為龐大，支撐此項建設之經費，自亦必龐大，但十五個月來，據記者所知，經費並未發生問題，原因何在？其籌措之方如何？」

　　答：「任何建設事業，必須有足夠之經費，始能獲得充分之發展，新贛南建設事業自亦不能例外。過去有若干地方，往往因經費籌措困難，使工作人員甚感困惱，甚至使建設事業之發展，大受限制，但此種現象，在新贛南建設事業中，未曾發生。十五

個月來，吾人所需要之經費雖為浩大，但幸能一一順利解決，其原因無他，乃因人民均能絕對信任政府，熱忱擁護建設，皆能按照建設之需要，樂於出錢，踴躍捐獻，吾人籌措新贛南建設事業經費之方法有三：一，鼓勵自動捐獻。無論何項建設工作，在舉辦之前，政府即將其利害所在，詳細曉告人民，使其徹底認識建設之目的，全在增進人民之福利，藉以獲得人民信任與擁護，此後政府如有所需，號令一出，人民即能爭先解囊，自動捐獻。此種籌措經費之辦法，現已成為最重要之辦法。征諸過去事實，為最可靠之辦法，如贛南各地道路之開闢校舍之興築，以及其他各種公共建築物之興築，其所需經費幾全部為民眾自動捐獻者，尤以鄉鎮以下為然。如姓鄔民眾，集資五萬元興築保國民學校一所，定南鵝公墟人民，為協助政府完成第二年預定工作，頃刻間爭獻二十萬元，由此即可見贛南民眾自動捐獻協助政府，推進建設之熱烈。二、清查公產公款。贛南各縣公產公款為數極巨，但向為土豪劣紳所霸佔，貪官污吏所侵吞，朋比分肥，各飽私藏，聽任公共事業廢弛不顧。去年專署下令徹底清查公產公款，以其全部收益，充作建設經費，此項工作現仍在繼續進行中，單就龍南一縣，清查所得數額，已達二百萬元。以此鉅款充作該建設經費，不僅足用，並且有餘。三、公營事業盈餘。依照建設新贛南三年計畫規定，須舉辦各項公營事業，以供應人民之需要。消除奸商之剝削，同時更以公營事業之盈餘，撥充建設經費，如此迴圈不已，不僅公營事業，日漸發達，而建設經費，亦日益充裕。譬如交易公店，在過去十五月中，該店不僅完成平衡物價，消除奸商之巨大任務，同時每月更有額之盈餘，撥充其他建設事業之

經費。」至此，蔣先生複謂：「籌措經費之辦法，雖有三，但其原則為一，即取之於民，用之於民。吾人所謂之『取』，並非強派勒捐。事實上專署不僅早已下令禁止強派勒捐，同時各縣亦早已無強派勒捐之必要。」

問：「建設新贛南三年計畫，部門龐大，目標巨集遠，以贛南之環境，其能逐步推進，漸次完成者，此基本之力量，究竟何在？此種力量，究竟由何而發生？」

答：「此問題至關重要，亦可謂為新贛南建設事業成敗所系之重心問題。餘今日可以告君，推動贛南建設事業之基本力量，吾人本發揚正氣之精神，以為推行計畫之原動力，以大公無私，除暴安良之精神，以實踐吾人之理想，既不容有自私自利之企圖，亦不許有畏首畏尾之習性。任何困難皆不足妨害吾人之發展，任何障礙皆不足阻撓吾人之前進。過去新贛南建設工作，所以能獲得順利進展，即賴此種精神充分發揮，今後吾人倘能本此精神繼續發揚，即可保證吾人之理想，必可全部實現。此種理由，至為簡單，因吾人既具有大公無私，除暴安良之精神，則自必亦具有實現計畫貫徹命令之決心，同時自必有可以由此取得群眾之絕對信任與擁護。君當知，群眾具有不可思議之偉大力量建設事業。倘得人民絕對信任與擁護，則群眾之偉大力量自可遵照建設之需要而作充分之發揮，群眾之力量，得以充分發揮，則任何困難，皆可排除，任何障礙皆可摧破。

總之，推進新贛南建設事業之力量，發生於群眾，而其基本之動力，則為精神。」

問：「贛南自展開建設工作之後，因其進步之快速，出乎一

般人之意料，故往往有人以驚異或神秘之眼光注視之。但新贛南之特點究竟何在？」

答：「贛南為江西之一部，建設贛南即建設新江西乃至建設新中國偉業之一部門，其制度與政令，即與其他地方完全一致，而其工作範圍與建設目標，亦與其他地方完全相同。關於此點，君不妨將建設新贛南三年計畫比過去十五個月中吾人之工作，詳細覆按。則必能發現贛南之建設工作，既未越出本身工作範圍，且無一不是以國父遺教，總裁訓示，抗戰建國綱領，地方自治實施方案以及省府命令為根據。吾人之任務，乃奉行命令，貫徹命令。此種工作，為責任所在，至為平常毫無特異之處。至於本人處事用人之目標，向抱定一本大公，力求實在，既不存窮富、親疏、貴賤之歧視，亦不願有敷衍苟安，虛張之惡習。社會上有少數人士，因習慣於過去鬆懈、紛雜之傳習，以為贛南奉行命令之『徹底』、『固執』，系一種特殊作風，實則此為任何公務員之本務也。」至此，蔣先生復謂：「然餘亦不否認贛南有一特點，即有大批吃苦能實幹之青年，現正埋頭於贛南深山窮穀中，從事建設工作，既無名諸思想，亦不計較待遇，此種現象，實不易多得。」

問：「贛南地方過去充滿黑暗與封建的勢力，民眾痛苦，至深且劇，自新贛南建設工作開始之後，民眾痛苦之解除，不知已達到如何程度？」

答：「建設新贛南之目的，注意增進人民之福利，與解除人民之痛苦，而解除人民痛苦之工作，為建設新贛南之起步，自始即予以注意。一年餘來，贛南人民之痛苦，雖不敢說已完全解

除，但亦不無若干成效，茲願分四項說明：一、撲滅人類之害物。貪官污吏土豪劣紳，地痞流氓，皆為人民之害物，社會之所以黑暗由於此輩的橫行，人民之所以痛苦由於此輩之欺壓，此種敗類如不能徹底撲滅，則民眾永無寧日，痛苦永不解決。故當新贛南建設工作開始之初，吾人即幾以全部之力量，從事此種工作。一年餘來，此類敗類，雖不能說已完全絕跡但確已完全斂跡，雖不能說暴戾已完全剷除，但大體上說，良善確已安樂。最近餘又嚴令所屬，務必繼續努力，以期徹底剷除。二、減輕人民之負擔。政府一切費用，無不直間接由人民全部負擔，但人民一般生活，均極貧乏，倘能減少人民一分不必要之負擔，即能減少人民一分不必要之痛苦。自新贛南建設工作開始之後，吾人即本此目標，積極整理各縣行政，徹底清查公產公款，充裕政府經費之來源，儘量避免向人民攤派款項，系或有所攤派亦必須按照『錢多的多出，錢少的少出，沒有錢的不出』之原則，絕對禁止苛雜濫派。一年餘來，已見成效，不僅派款數額已大減少，且因攤派公允，人民亦樂於出錢。最近更決定禁止零星派款，規定各縣於每年度編造預算時，確定本年度應派款項之數目，一次派完，以後不再派款，藉以杜絕零星款之弊端。三、加強救濟工作。贛南為救濟鰥寡孤獨，貧病老弱，使其皆有所養，業將救濟工作，列為建設之重要部門。先後設立難童教養院，貧兒教養院，施粥廠，養老院救濟機關，並擴充各縣之救濟院，增加救濟經費，依照事實需要，發動冬賑，散發衣物鹽米，同時更組設各種救濟性質之工廠，以收容貧苦之工人。一年餘來，救濟工作，日漸擴充，使痛苦無告之人民，大多數皆已獲得政府之援助。

正確否？」

　　答：「此項問題之提出，乃由於惑於大都市之畸形繁榮而發生之誤會，過去有一部分匆匆經過贛縣之旅客，即往往發生此種錯覺。餘並不否認，贛縣之商業，與戰時各大都市相比較，常易使人發生蕭條之感覺。但吾人必須認清，贛縣蕭條之商業，並非正當之商業，而系不正當之商業，此系不正當之商業呈現蕭條現象，不僅不是表示經濟建設之失敗，正且表示經濟建設之成功。贛縣市面與其他戰時各大都市所不同者，乃無充斥昂貴舶來品之百貨公司，無燈火通宵之不夜街市，無拇戰喧天之酒樓一飯千金，無奇裝豔服之妓女，招搖過市，故易於使習慣畸形都市生活的，發生寂寞蕭條之感覺。但此並非民眾生活需要之所在，此種不正當之商業，不過專為滿足少數腐敗人們之需要，以供其浪費揮霍。此種畸形之現象，在建設新贛南過程中，實不容其繼續存在。贛縣此種不正當之商業，所以極度蕭條，乃由於政府徹底推行戰時節約，革除奢惰生活，禁賭娼禁賣仇貨之結果。同時君請注意，贛縣之正當商業，已日漸發達與繁榮。所謂正當商業，即供應民眾正當日常需要之商業，民眾日常之正常需要者最主要厥為油鹽柴米以及書籍文具，贛縣之油鹽柴米以及書籍文具交易，目前極為盛旺與活潑，不僅足供人民需要，從無缺乏之虞，且價格遠較各地為低，此即表示建設新贛南經濟建設已收穫極大成效。因贛南經濟建設之目的在求國民生活滿足，而非滿足少數腐敗人們之浪費。」至此，蔣先生複鄭重說明：「有人以為贛縣不保護商人，此為絕大之謬論。贛縣縣政府，確保地方治安，維持交通暢便，禁止苛捐雜稅加諸商人，嚴厲束稅務人員防止故

意留難商人，此即政府充分保護商人之證明，亦即商人所望於政府者。

凡正當之商人，在贛縣經營商業，無不可獲得政府之保障，但若企望政府保護不正當之商人，則完全不可能。因政府自不能聽任奸商高抬物價，操縱市場，以及經營其他不正當之商業而不聞不問也。」

問：「明年為三年計畫完成之後，是否即五大目標全部實現之時？」

答：「建設新贛南之五大目標，人人有工做，人人有飯吃，人人有衣穿，人人有屋住，人人有書讀，乃吾人之理想。此種理想，將隨時代之不斷進步，而益宏遠。今日吾人認為滿足者，在明日即變為貧乏，因人類之生活，須要不斷之改進與提高也。吾人之建設理想，在某一階段中，雖可暫時獲得滿足。但在整個事業上，則為繼續進步，永無止境。君可注意，吾人現時所推行之三年計畫，乃第一次三年計畫，此即表示吾人將有第二次第三次……三年計畫，同時事實上第二次三年計畫之各項原則，亦早已決定。一待第一次三年計畫完成之後，即將付之實施，在第一次三年計畫中，吾人之理想，為人人有飯吃，有布衣穿，有普通的房子住，無遊手好閒之人，無不識字之人。但在第二次，第三次……三年計畫中，吾人所理想者，為人人有更合意的工作做，有更好的飯吃。有更好的房子住，有更好的衣服穿，有更高深的教育。故吾人之理想，永遠進步，吾人之事業，永無止境，而吾人之建設工作，亦將永遠繼續前進。」

經過國民黨的大力宣傳，前來參觀者絡繹不絕。蔣介石對其

子在建設新贛南中取得的政績也十分滿意，他曾於一九四二年六月十九日寫信給蔣經國勉勵道：

> 兒任專員已是三載，人民愛戴，建設進步，時用快慰！惟人生立志全在日新月異，自強不息；切勿因譽生驕，蓋善始者實繁，而克終者甚寡，不能不深警惕，勉為人子也。

　　一九四二年九月二十日蔣經國在崇義縣城幹部會議上強調上次在縣長會議開幕的時候，我們講到管仲、商鞅的政治理想和現在應有的政治理想。今天，我們看到張子《西銘》，假使把它仔細地分析起來，覺得它的確是一個現代的政治理想，現在我們把它解釋一下，張子《西銘》說：天地是我們的父母，我乃是與一切人和物渾同共處於天地之間的一個。所以：充塞於天地之間的正氣，就是我們的本體；天地好生仁愛之心，就是我們的本性。同生於天地間的人類，都是我們的同胞，同生於天地之間的生物，都是我們的同類。領袖是我們天地父母的長子；輔助領袖成功立業的先進，都是我們的兄長。敬重老年孤弱和慈愛，是本乎天地尊長育幼之意。能夠合乎天地至德，順乎天地大道的是聖人。而所謂賢人，就是我們同胞中的優秀份子。

　　凡天下一切，殘廢和衰弱所有的孤兒寡婦，都是我們同胞中顛連困苦而無可告訴的弱者，我們必須要保育他們，幫助他們，猶如愛護自己的弟兄一樣。如此我們存心仁愛，自然事事樂觀。否則，若是有害於天地仁愛之心，而更自增其惡：那便成為悖

德、殘賊、不肖之子。所以，我們要勉勵自己，做一個仰體天地仁愛之心，躬行天地好生之道：自踐言行，善用聰明智慧的好人——天地父母的孝子！

能夠明白天地間的變化，瞭解天地間原理的人，才能勝任大事，而完成天地的心志，我們要不欺暗室，做一個頂天立地的好男兒。我們要堅定心志，修養性情，以始終不懈的精神，來完成艱巨的事業。

現在讓我來列舉幾件古代孝子的故事：大舜的父親瞽瞍，聽信後妻，要大舜去做難於忍受的苦工，但他還是不辭勞苦，盡力去做，博得父親高興。大禹因為孝養父母，而又怕酒能亂性，會做出不孝的事來，所以深深地厭惡美酒。周朝尹吉甫惑於後妻，叫兒子伯奇赤足在雪地上拖車子，但伯奇還是順從父親的意思，絲豪沒有怨恨。孔子的弟子曾參，臨死時還顧慮自己的手足是否都放得平正，有無損傷？因為身體膚髮，原是受之天地父母，所以他仍然要完完整整的還給天地父母。春秋時的穎叔孝，把鄭莊公所賜的羹湯留給自己母親吃，以此來感動莊公的孝心。還有那晉國的公子申生，甚至聽從父親的命令，服毒自盡。以上所舉，都是我國古代孝子的事蹟，我們不僅於敬仰，而且還要效法他們！

最後，我們更要認清：所謂富貴福澤，固然是天地賦予我們的恩惠。而貧賤困苦，也是天地愛護我們，磨練我們，使我們能有所成就。所以我們在世一天，就要體順天地之心，努力去做自己份內應做的工作。切不可有絲毫頹廢怨尤！這樣才能死而無愧，才算是一個天地父母的純孝之子！

一九四三年十二月，蔣經國被蔣介石調到重慶任職，雖然名義上仍兼贛州專員，實際上從此離開贛南。蔣經國的贛南六年，是他日後發跡的起點。

一寸山河一寸血

　　一九四〇年六月以前，蔣經國還不是國民黨員和三民主義青年團員直到這年六月，他帶職到重慶中央訓練團黨政班第三期受訓一個月，才取得國民黨員和三民主義青年團員的資格。從此，他在三青團的地位便迅速擢升。七月，被任命為三青團臨時中央幹事。八月，又被指定為三青團江西支團籌備主任。於是，他在贛州赤珠嶺舉辦「三民主義青年團江西支部幹部訓練班」，自己當班主任。他把從蘇聯學來的聯繫群眾的方式，與中國傳統道義的精神糅合起來，在「青幹班」的生活和訓練中強調「同心同德、患難與共」。要求不分男女，都以「兄弟」相稱。這就是後來被大力宣傳的「赤珠嶺精神」，贛州「青幹班」共辦了五期，訓練學員五百餘人。這批幹部後來成了蔣經國「嫡系中的嫡系」。

　　一九四二年，蔣介石曾一度派蔣經國去西北，設想讓他插手新疆，掌握新疆大權。但不期然「新疆王」盛世才對此早有戒備之心，一直防範被「蔣大公子」取而代之，緊緊控制著新疆的黨政軍大權不讓插手。因而蔣經國尚未入新疆，半路就無功而返。

　　西北之行的失敗，使蔣經國重新考慮他的發展前途。他決定還是走父親黃埔軍校起家的道路，利用辦學來訓練自己的班底，為掌握黨政軍大權奠定基礎。蔣經國首先選定的學校是國民黨CC系控制的中央政治學校。他認為控制了這所學校，就能逐步掌握全國的縣長、縣黨部書記這樣一級幹部，改變「蔣家天下陳

家黨」的局面，把國民黨的黨權從陳果夫、陳立夫手裏奪回來。然而，蔣經國染指中央政治學校教育長一職的打算，被二陳所阻挫。不得已，蔣經國只能退而求其次，把希望寄託在三青團內，另謀出路。

一九四三年，三青團在重慶召開第一次全國代表大會。會議期間，蔣經國等一幫人提出，將原「三青團中央幹部訓練班」擴大為「三青團中央幹部學校」，作為三青團訓練幹部的「團校」。蔣經國這個提案，得到了蔣介石的認可，加上三青團一些擁蔣派的支持，很快獲得通過。

一九四三年十二月，蔣經國出任「三青團中央幹部學校」教育長。蔣經國由贛南起家，率領一批嫡系人馬，進抵「陪都」重慶「復興關」，在「青幹校」紮下了根，很快就掌握了「青幹校」的實權，將康澤排擠出局。一九四五年，康澤經蔣介石批准赴歐美考察，蔣介石子承父業的初步計畫得以實現。

在蔣介石的支持下，蔣經國還於一九四六年初將原「青幹班」一至五期畢業的兩千多名學員作為「青幹校」的第一期學員，換發畢業證書，改組「青幹班」已畢業的一至五期學員，實際掌著三青團各支、區、分團的大權，大大強化了他在三青團內的地位和影響。一九四六年九月三青團第二次全國代表大會在盧山舉行，在最後「圈選」的七十二名中央幹事中，蔣經國僅次於幹事會書記長陳誠，位列第二。隨後進行的中央團部的人事調整中，蔣經國以中央常務幹事兼中央團部第二處處長的身份，直接掌握三青團組織訓練、幹部培養等實權。

一九四四年，日本軍隊為了挽救覆滅的命運，打通平漢、

粵漢鐵路，發動了豫湘桂戰役。一九四四年九月，蔣介石決定號召知識青年從軍，組織「青年軍」，準備最後大反攻，用青年軍做最後大反攻的主力部隊。他提出了「一寸山河一寸血，十萬青年十萬軍」等頗具感召力的口號，並帶頭讓自己的兩個兒子蔣經國、蔣緯國應徵從軍，以資鼓動青年學生入伍。一九四四年十一月，在蔣介石的親自安排下，蔣經國出任知識青年從軍徵集委員會委員。在開始編練「青年軍」時，蔣介石藉口要加強「青年軍」的政治工作，決定以蔣經國任「青年軍」編練總監部的政治部主任，軍銜中將，後又兼任「青年軍」政工人員幹部訓練班主任。這樣，「青年軍」政治部和各師政治部的人事全由蔣經國一手獨攬，完全控制了「青年軍」的整個政工系統。從此，蔣經國的政治勢力由三青團擴展到國民黨軍隊，並在國民黨各派系中開闢了一席之地。

一九四五年抗戰勝利後，面對東北勢力範圍的劃分及外蒙古獨立的辣手問題，國民黨與蘇聯的關係進入了一個微妙階段。史達林出於蘇聯國家利益的考慮，對國民黨採取兩手共舉的策略：一方面，他不放棄施壓蔣介石接受蘇聯在中國的勢力範圍；另一方面，他又認為中共尚不成氣候，蘇聯需要維持與蔣介石政權的關係。

在此背景下，蔣經國作為國民黨內的「知蘇派」，出任外交部東北特派員。一九四五年耶誕節期間，蔣經國隻身前往蘇聯。十二月三十日與次年一月三日，蔣經國兩度與史達林會談，試圖說服史達林促成中共與國民黨合作、放棄外蒙古獨立等，但都被史達林以托詞敷衍過去，並反過來提出了讓國民黨將美軍送出中

國的要求。

在後來俄羅斯解密的蘇聯檔中，記載了蔣經國與史達林的會談內容，其中有一段十分精彩的對白：

> 蔣經國說，……決定在不改變國民政府的結構和法律地位的條件下邀請中國共產黨代表參加政府。……蔣介石同意保留十六至二十個師的共軍並保證其安全。但是，既然談到中國的統一，軍隊就應該統一，即統一指揮。蔣介石認為，共產黨人不應該將自己的武力用於分裂國家。……請史達林大元帥向中國共產黨提出與國民黨合作的建議。
>
> 史達林同志答道：……蘇聯政府已從延安召回了所有的代表，因為他們不同意中國共產黨人的行動。……中國共產黨人並不從屬於俄國共產黨人。共產國際已經不復存在。俄國共產黨人很難（對國共關係）進行調停，因為他們不想提出最終會被拒絕的建議。況且中國共產黨人並未請求（蘇聯）提供建議。
>
> 蔣經國指出，史達林大元帥的威望將迫使中國共產黨人遵從他的建議。
>
> 史達林同志答道：……蘇聯政府並不想干涉中國的內政。一般說來，外國軍隊干涉中國事務於蔣介石不利，因為這將導致中央政府權威的削弱。

就在史達林對蔣經國敷衍其辭的同時，一九四六年一月

二日，史達林會見了毛澤東的長子毛岸英，並送給毛岸英一把手槍。

　　由於東北之行的受挫，十月，蔣經國正式辭去了東北特派員的職務，返回了重慶。

「打虎」打在鼻樑上

　　一九四八年，隨著國民黨軍事上的全面潰敗，國民黨統治區的經濟形勢也急劇惡化，通貨膨脹，物價飛漲，幾近崩潰的邊緣。為了挽救經濟危機，支撐內戰，蔣介石把「幣制改革」看成是起死複生的靈丹妙藥。一九四八年八月，蔣介石頒佈經濟緊急處分令，決定發行金圓券代替法幣，限期收兌金、銀、外幣，整理財政並加強經濟管制，以八月十九日為最高限價日，強行規定全國各地物品及勞務價格。蔣介石為加強管制，在上海、天津、廣州設立三個大經濟管制區，特派俞鴻鈞、張厲生、宋子文為督導員，蔣經國、王撫州、霍寶樹為協助督導員，賦予行政及員警指揮大權。《中央日報》對此發表社論，指出：「社會改革，就是為了多數人的利益，而抑制少數人的特權。我們切盼政府以堅毅的努力，制止少數人以過去借國庫發行，以為囤積來博取暴行的手段，向金圓券頭上打算，要知道改革幣制就如割去發炎的盲腸，割得好則身體從此康強，割得不好則同歸於盡。」

　　上海是中國的經濟中心，也是蔣介石推行幣制改革的重點，因而，蔣介石就把這個割盲腸操刀的重任交給了蔣經國，用太子來打虎。八月二十日，蔣經國赴上海走馬上任，坐鎮中央銀行，開始了轟轟烈烈的「打虎運動」。

　　蔣經國就職後的第一個棘手的難題，就是上海猖獗的投機市場。為了確保八月十九日限價，即官方稱謂的「八一九防線」，如期收兌金、銀、外幣，蔣經國決心首先向上海的投機商人開

刀，整頓和清理混亂的經濟秩序。為此，他調來私家班底「戡建隊」來上海，並在當地招募「信仰」三民主義的知識青年，組建「上海青年服務總隊」（時稱「打虎隊」）為基本隊伍，並調集上海市六個軍警單位（金管局、警局、警備部稽查所、憲兵、江灣以及京滬、滬杭兩路警察局）全部出動，進駐全市大小市場、庫房、水陸空交通場所，進行搜查，強行管制。命令「凡違背法令及觸犯財經緊急措施條文者，商店吊銷執照，負責人送刑庭法辦，貨物沒收。」蔣經國下決心不惜孤注一擲，嚴刑峻法，先後將對抗經濟緊急處分命令的不法官僚財政部秘書陶啟明、上海警備部張亞尼、警備部稽查大隊長戚再玉等人處以極刑，並將包括部分鉅賈大戶在內的六十四名投機商人投入監獄，以懾服人心。尤其他竟然敢於向江浙財閥發難，將上海聞人杜月笙的公子逮捕法辦，一時上海各界為之震動。這與那個「有『條』有『理』──有金條有道理」的黑暗世界，幾乎是無法想像的。在那篇名震一時的《上海何處去》的演講詞中，蔣經國向上海的整個不法商界，下達了「哀的美敦書」：

> 在工作的推行中，有不少的敵人在那裏恐嚇我們，放言繼續檢查倉庫辦奸商，將會造成有市無貨，工廠停工的現象。不錯，假使站在保持表面繁榮的立場來看，那是將要會使人民失望的。但是，如果站在革命的立場來看，這並不足為懼，沒有香煙、絨線、毛衣、綢緞，甚至豬肉，是沒有什麼可怕的……。我們相信，為了要壓倒奸商的力量，為了要安定全市人民的生活，上海的市面，是絕不

畏缺華麗衣著，而致放棄打擊奸商的勇氣。投機家不打倒，冒險家不趕走，暴發戶不消滅，上海人民是永遠不能安定的。

上海許多商人，其所以發財的道理，是由於他們擁有本店製造的兩個武器：一是造謠欺騙，一是勾結貪官污吏。

當時，由蔣經國領導的「戡建隊」喊出來最響亮的口號是：「只打老虎，不拍蒼蠅。」上海青年服務總隊所揭示的四大工作目標則是：打禍國的敗類；救最苦的同胞；做艱巨的工作；盡最大的義務。這在上海幾乎是婦孺皆知！而蔣經國的「一路哭不如一家哭」，更是成為傳誦一時的政治格言。

然而，蔣經國督導下的上海經濟改革，由於觸動了各特權階層的既得利益，幾乎是從一開始就遭到上海各派勢力的激烈反對。市長吳國楨直接向蔣介石遞辭呈，明確表示不與太子合作，社會局長吳開先則公開和太子冷戰，上海的工商界組成聯合戰線，明裏暗裏對抗蔣經國。因此，蔣經國雖然一度依借軍警的壓力，保住了「八一九防線」，使上海市暫時性地恢復了穩定和秩序。

蔣經國深知，操縱上海經濟命脈的是江浙財團，是官僚資本。為了取得經濟改革的實質性進展，蔣經國抱定破釜沉舟之「犧牲」決心，明知不可為而為之，決定向「天字型大小」「老虎」揚子公司開刀。揚子公司是國民黨政權頭號財閥孔祥熙的公子孔令侃的私產，這場交鋒其結果可想而知。揚子公司被查封的當天，孔令侃便直接到南京找到後臺宋美齡哭訴，結果蔣介石不

得不改變初衷，指令蔣經國罷手。上海市民把他的政治口號從此改成「只拍蒼蠅，不打老虎」。市場上複又「人山人海，搶購物資」，「八一九防線」變成了不攻自破的「馬其諾防線」，上海的經濟改革的徹底失敗已是不爭的事實。

蔣經國導演「打老虎」這場全本武戲，歷時七十天，終於被迫草草收場。一九四八年十一月一日，國民黨政權的經濟改革的訃聞正式公佈，明令取消「限價」政策。十一月六日回天無力的蔣經國悄然離開了上海，返回杭州蔣寓。臨行前，蔣經國發表《告上海人民書》：「自今日起不再到中央銀行辦公，當我離開辦公處的時候，心中實有無限感慨，幾欲流淚。」

滬濱日記表心聲

八月十九日

中央政治會議通過了改革幣制的方案，這是一件國家大事。

八月二十二日

自新經濟方案公佈之後，一般人民對於幣制的改革以及經濟的管制，多抱樂觀的心理，而政府人員則多抱懷疑的態度。兩天來日用品的價格漲得很厲害。搗亂金融市場的並不是小商人，而是大資本家和大商人。所以要嚴懲，就應從「壞頭」開始。今天我正式被任命為經濟管制委員會委員並派在上海協助俞鴻鈞先生督導經濟管制有關諸事，這件工程是非常困難但是亦十分重要，無論如何必須盡心力幹下去。今天是星期日，天下雨，氣候甚悶。上午在寓所擬定經濟督導的工作計劃。

八月二十三日

督導員辦公處，今天開始正式在中央銀行辦公，像我這樣的粗人，竟會同銀行發生關係，正是出人意料之事。為了表明自己的態度，在報紙上發表了一次談話。今後的問題，是在求言行的

一致，說到哪裡，就應做到哪裡，否則一定是會失敗的。早晨訪崇鏞兄，談商有關督導員辦公處的組織問題。下午參加第一次的經濟督導會報。

八月二十五日

　　早起後，即與化行談設立人民服務站的計畫，此事如能圓滿完成，則可與人民打成一片，而得到他們的幫助，這是最大的力量。上午在中央銀行召集會議，商討生油與麵粉之定價問題。下午至中行參加會議，商討棉紗定價問題，現在天天所見到的，都是些商人。對於目前的工作，應力求鎮靜與慎思，最要緊的是急不得。

八月二十六日

　　早起後閱讀信件，差不多都是來要求職業的。出門的時候，有幾個工人跪在地上，他們都是無錫火車站上的工人，向我要求為其解決生活問題，老百姓真是太可憐了，但在這件事上，我又沒有法子幫他們的忙，心中非常難過。上午召開統一檢查會議，這批出席人員當中有許多都是官僚，而且是想弄錢的人，對於他們今後必須嚴格地加以管理與監督。下午，照常在中行辦公，處理事務。以今天的情形來看，目前的工作是相當吃力的，但已經騎在虎上，則不可不幹到底了！

八月二十七日

　　早起之後，身體感到很不舒服。中美兄約我在王家沙吃點心，聽老百姓說菜市場的價格跌了，這是一個好消息。上午約昌煥兄長談，他提供了很多的好意見，並且勸我還是應當保持過去的作風，就是少說多做，我對於這一點意見，認為是絕對正確的。午前同俞鴻鈞先生商談若干重要問題。下午出席戡建大隊之記者招待會。五時對戡建大隊隊員講話。

八月三十一日

　　早起後，本來想寫一點意見書。但是因為來了許多客人，只好作罷。會客確實是一件最煩瑣的工作。早晨訪王庭長震南，談詢××以及××公司備案之內容。我對此類奸商主張嚴辦，但有人認為××公司可宣佈無罪，其中有無弊端，很難講。十時在中央銀行接見各檢察機關以及經濟機關的負責人員。下午接見民眾四十餘人，他們所講的都很平凡，發現老百姓實在太可愛了。四時參加經濟督導會議。

上月反省錄

　　上海的工作，已經展開了，本身沒有經濟和社會的力量，而全靠自己的精神在支持目前的工作。半月來的努力，雖可自慰

之處很多，但是始終感覺到相當的艱難。自從做事以來，從來沒有像今天這樣覺得責任之重以及壓力之大。所以對目前的任務，除了拚命以外，再無第二條路可走。我應當拿一切的精力，放在這個工作上，做事不到十天，而有許多人已在起來反對我了。這是早在意想中的事，目前不過是幾個人，將來不曉得有多少人將起來打擊我；但是我不怕，因為自己沒有私心，並且有很大的勇氣。至於最大的力量，是在於民眾的擁護。不但×××用不到怕，就是所有的反動力量之反抗，亦用不到畏懼，因為我自己的心地非常光明。現在我在上海，已經成了十目所視十手所指的人，一舉一動，都會使人注意。所以自己的言論和行動，應當格外留心：一不小心，就可被人作為攻擊之藉口，可不慎乎。

九月二日

昨晚接南京電話，要從速處理違犯經濟法令的各種案件，並主張嚴辦大的投機商人。上海的若干商人在當面對你說得好好的，而背後則是無惡不作。今天已下決心嚴辦奸商。上午召開檢查委員會，會後即向市政府提出大戶奸商等各種違法行為的證據，並建議立刻逮捕，下午接見民眾，來見者甚多，都是一般窮苦無告的人。晚間在青年軍聯誼會講話。

九月三日

今天是勝利日，回憶抗戰之經過，想念之艱苦，內心憂痛

萬分！見國旗之飄揚，喜乎？痛乎!?上海部分大商人，不識大體，不以大局為重。下午召集各廠同業工會負責人說明政府之政策，經過情形甚好。晚間在劍橋家中吃飯，飯後閒談以解心中之煩悶。

九月四日

×ㄨ公司要犯已由特種刑庭判處死刑，其餘的大投機家亦已押送特種刑庭。此類之事，對於上海人民心理之轉變，是具有極大的意義的。此事成效之大，不在於經濟，而在於政治也。上午在中央銀行辦公。為配給米事，商量甚久。外人的態度驕橫，而政府則擬因此而變更政策，此事對我刺激極大。下午約季虞行深理文化行國棟商量今後的行動方針與策略。

九月五日

×市長到南京去辭職，不曉得是不是因為他對於我的作法不滿意的原因。但是為了國家，我不能不這樣做。在今天局勢下，倘使再要講「敷衍」、「應付」，、「遷就」，那一切都將完了。上午在中央銀行召開檢查委員會的工作會報，對於上星期的工作，曾詳加檢討，並決定了本星期的工作計畫下午在家中休息。

九月七日

今晨抵京後，即赴勵志社，處理積信及公文。九時在北極閣向父親報告上海經濟管制的情況，並請示若干重要問題。見父親慈祥顏容精神很好，極其興奮非常。十時在行政院，請示如何調整物價問題。十一時見惟果兄，互談國事。中午在家中陪父親共進午餐。下午訪謝部長冠生後，返滬。

九月八日

××銀行多做投機買賣，不曉得發了多少橫財。現在要他們將外匯拿出來，都不大情願。所以決定加以說服，將他們的外匯移存國行。直至今晚止，已經拿出了三千萬美金，今天早晨遇見×××，他在過去是唱革命高調的，但是現在他軟下來了，並且主張不宜多捕奸商，否則怕工廠要關門了，由此可知官商的勾結力量之大矣。上午在中行處理公務。自南京回來之後，就有人造謠言說，南京不同意辦奸商，實在太可笑了。

九月十日

一般人都懷疑經濟改革方案之是否能得最後的成功，所以我想發表一篇比較深刻的談話，來轉變社會的觀念。早起後補充講演稿。八時許同張副局長到市場巡視，看見一切的現象都很正

常。中國的百姓，真是善良，今後只要有一份力量，必將為他們做一分事。十時在中行召集林崇鏞、張師、鄧葆光、劉方熊檢討各商業銀行之營業狀況。十一時，主持物資物價和檢查三個委員會業務會報。下午參觀勞工醫院後，出席工人大會，晚宴新聞界負責人。

九月十一日

六時起身，正在寫日記的時候，抬頭看見紅日高升。早晨的太陽真是好看，但是在上海看日出，已經失去了大自然的意味。上午在樂義飯店約見銀行經理數人，其中有漢奸數名。下午，在中央銀行除處理公文外，並參加經濟座談會參加人員的水準並不高，所發表的意見並無重大之價值。

上星期反省錄

直至目前為止，大多數的上海人都是稱讚我的。一不小心，年青的人很可能樂而忘形，不知前進，不加自反，那一切都完了。我深深地感覺到：這種空氣對我是不利的，希望太大，失望亦快，並且前程險惡萬分，很大的困難就會到來，到那個時候一定會有許多人要恨我，罵我。此時此地，自己要有主張，要有立場，至於社會上的流言，實在是不足聽。外面謠傳×××正在勾結×××，共同來打擊我。人心難料，這種話不能不加以留心。今後的敵人，只會一天一天多起來的，要謹慎，但是用不到怕。

九月十二日

今天早晨，很想能夠很清靜地想一想比較重要的問題。但是來廠許多客人，一個早晨的工作計畫，就全被滯礙了，反增加了許多內心的煩悶。九時，出席青年軍聯誼會的會員大會，說明國家的存在，是我們生存的最重要條件；並且指出經濟改革，是一種革命運動，到會的人很多，情緒亦很高。在講演詞中，難免有過火之處。下午應君邁之邀，作浦江之遊。

九月十三日

柏園兄前來商量有關物價的調整問題，中央方面，對於如此重要政策之執行，似尚無具體的辦法，亦沒貫徹到底的決心，這是一件非常值得憂慮的事。至於我個人，則如一個帶隊伍之軍官，上級既有命令給我，則必須貫徹之。至於旁人是否忠實，這是旁人的事。上午十時起，召開檢查會報，商量具體的管制辦法。下午三時，在市政府商討公營事業是否可以漲價問題。四時約老同學數人，商量經濟管制的理論問題。

九月十五日

上午在中行辦公。××方面對我的講演詞（十二日）曾加以批評，這是意料中的事，因為彼此的利益，根本是相衝突的。今

天的問題不是在於注意到人家如何批評，而是應當注意到本身應當如何加緊努力。下午在參議會講話。

九月十七日

今天是中秋節。本來想回到杭州去同家人共度佳節，並賞湖上之月，但是因為上海方面工作緊張，不能離開，所以只好在此照常工作。上午八時即到辦公室，見了幾個大奸商和大銀行家，如×××之類，這批人確實可以拿來一個一個的嚴懲。午前召開緊急的檢查會議，商討棉紗布出口以及金鈔的檢查問題。下午商討青年服務隊的組織工作。晚上在新衡家中吃鴨子，總算是過了節。

上星期反省錄

到上海來，已經有一個月了。日日夜夜的工作，雖然稍感疲倦，但是精神上則很愉快，今天只有兩句話可以保障工作的成功，就是我自己一無所求，亦一無所有。所謂一無所求，就是既不想升官，又不想發財。同時在我的內心中，確確實實除了想為國家做一點事情以外，絕對沒有任何私欲。同時我是一個一無所有的人，除了生活能夠維持之外，沒有一個廠，沒有一家銀行，凡是有錢的事，我都沒有份。今天我既然一無所有，亦一無所求，我相信就是失敗亦是成功。如此而遭遇到失敗，那一定是因為自大自傲而不肯虛心學習的原故。

九月十九日

　　昨天很涼快，今天則又像是夏天了。今晨起得很早，曾到外灘公園去散步，這裏的空氣比較新鮮，但是並不自然。九時前到中央銀行見客。十時召開檢查工作之檢討會。十一時繼續召開會報，研究如何處理重要大案。今天我已騎在虎背，無論是在責任上或者良心上，都是非下去不可了。下午休息半天。

九月二十日

　　昨夜的氣候很悶，且已有數夜不能安眠，所以精神並不安適。早起後，即約行深到家中來吃早飯。八時出發巡視市場，一般的情形，並不見得良好，蔬菜或豬肉都很少。後來又到閔杭公路，以及蘇州河檢查站巡視，在表面看起來，一切都安好，但在事實上恐怕問題一定很多。回城後·巡視紗市場，不知道有多少人擠在裏面做生意，這都是社會上的寄生蟲，亦是社會上的大問題。中午約沈熙瑞先生談美援問題，下午主持工作會報。

九月二十五日

　　今晨起來，第一次聽到喜鵲叫，內心相當高興。因為自到上海以來，聽到喜鵲叫還是頭一回，希望在煩悶之中，會得到一點快樂的事。有許多同鄉、親戚以及舊幹部，都向我要求職業。在

他們看來，一定以為我的官是相當大的。他們哪裡會知道，我的用意，是在服務，而不在做官。早晨到中央銀行，途中看見許多人排了隊，在搶購絨線，以及香煙，社會之窮，可想而知矣。上午在中行辦公，處理日常事務。下午出席青年服務總隊成立會。

上星期反省錄

　　管制物價工作的第二個月開始了。根據過去的經驗，只要能有決心而不發生意外的事情，第二個月的任務，是可以完成的。前面的困難，當然還是重重，但並非不能克服也。本來有人預言，在九月以前限價政策即將失敗，而今天則又謂將在十月以前失敗。現在不但是在與奸商相對，而且與所謂「政客」相對。今天不知道有多少人在「捧」我，但是我不但不高興，而且非常地憂懼。在「鼓掌」聲中，我會想到人家的譏笑和惡罵。萬一有一點不對，就會遭遇到人家無情的打擊，今天社會真是可怕至極。

九月二十六日

　　一星期來，因為工作環境的複雜，以及每天所處理的問題之多，腦子是相當的緊張。尤其是目前的情況，差不多半天都不能離開崗位，可知一切都沒有上軌道。今天雖是星期日，但內心憂煩如往日。早起後，約季虞杜甫作城隍廟之游，稍解嚴重之空氣。十時在中央銀行召開檢查會報。十一時又召開特種會報。最

危險的現象，就是大家有一種悲觀而無信心的表現，可知做此事之難矣。下午領武兒游中山公園及外灘。

九月二十八日

昨晚乘火車由滬赴京，今晨抵首都，天下雨，並增內心之憂愁。九時許，拜謁父親，一見父甚忙：故未多言即退出。九時半，參加行政院所召集的談話會，商討調整價格問題。在此可以看出許多人們都沒有大的政策觀念，而多在小算盤上打算盤，大局實難樂觀。下午再拜見父親，在百忙與憂煩中承加慰勉，幾乎被感動而欲流淚矣。下午六時乘飛快車返滬。武兒入醫院。

九月二十九日

今天起得很早，心中非常地憂煩。工作的環境，一天比一天來得困難。米的來源缺乏，小菜場的秩序還是很亂，有若干的小工廠已經被迫（因為沒有原料）停工。這許多不景氣的現象，在我心目中看起來，沒有什麼可怕。但是一般社會上的心理，是受不起這樣驚駭的。上午訪市政府，商量調整價格問題。下午見客並召開工作會報。對於目前的工作環境，曾詳細加以分析。七時召集青年服務總隊隊員講話，神經因緊張而疲勞。

十月五日

　　人心動搖，搶購之風仍舊繼續發展，這是非常值得憂慮的。今天決定加緊取締美鈔和黃金的黑市交易。七時半，至中行辦公。八時，召集京滬滬杭兩線檢查組組長開會，商討檢查辦法。這個工作是很艱難的，負責人的勇氣雖足，但只怕年紀輕火氣太大而出事，所以再三叮囑要大家小心。九時，至新申九廠，十一時，至永安紗廠參觀。做成一件事，無論大小，都是很困難的。但是只要有勇氣，總是可以成功的。下午在中行處理要公。

十月八日

　　很久不在勵志社過夜了，昨晚宿於此。早起後，寫信留給父親。八時乘火車離南京。十一時抵無錫。二時參加十一縣的經濟管制會議。當我離開參議會的時候，被群眾包圍歡呼。後來去參觀工廠的時候，天已將黑，而工人還是立在橋上等我，一見之後，就歡呼。我見此情景，內心十分難受，而且慚愧，眼淚亦想流出來。晚九時離錫，十二時抵申。

十月九日

　　父親於昨晚由北平來滬。清晨拜見父親，報告上海情況，目前有許多問題，尚未解決，但亦不忍報告，蓋不願煩父之心也。

早晨隨父訪問陳果夫兄之病，後來又訪吳老先生於其寓所，上午在中行處理公務，在公文中亦可以看出環境之艱困，此時此地，必須沉著，否則必將失敗。中午赴束雲章先生寓所，勸其不要辭中紡總經理職。下午二時，參加中央銀行關於物價管制談話會。四時赴機場送父親赴京。五時，開糧食會議。

上星期反省錄

本星期的工作環境，是工作以來最困難的一段，希望這是一個轉機。除了物價不易管制以外，再加××公司的案子，弄得滿城風雨。在法律上講，×公司是站得住的。倘使此案發現在宣佈物資總登記以前，那我一定要將其移送特種刑庭。總之，我必秉公處理，問心無愧。但是，四處所造成的空氣，確實可怕。凡是不沉著的人，是擋不住的。

十月十日

今天是國慶日，本來是可喜之一天，但是內心的痛苦，益加深重，早起後，即擬本周之工作計畫。七時到江灣，參觀大華農場，遍地荒涼。此地本來是日本海軍的公園，有游泳池，紀念塔，但是現在都變成了垃圾堆。後來又到復旦大學參觀，亦是同樣的荒涼，一切都表現得衰落，不得不有所警惕。九時到達虹口公園，出席青年大檢閱，一般人的情緒很高，但是沒有什麼組織。上午在中行擬新聞稿。下午在中行見客，並處理積案。

十月十四日

上海整個的空氣是在惡轉中。處此境地，一不小心，就會慘敗而不可收拾。今天最要緊的是沉得著氣。有若干的幹部，心理已開始動搖，這是如何可慮。早晨寫信稟告父親關於上海之情況，並提供改進經管之意見。上午除解決煤糧等問題外，召開檢查委員會例會，各方面的報告，都是一些壞消息，尤其是黑市日多，不可不加注意。下午參加戡建總隊陣亡同志追悼會，內心沉痛萬分，人家死都可以死，那我們後死的人，還有什麼不可以做呢。下午與俞總裁商討根本問題。

十月十六日

今天在報紙上發表了關於撲滅黑市的嚴厲辦法，但是並沒有見效，一切都在做黑市買賣。這是非常值得憂慮的現象。早起後，即至中行辦公。八時由中行步行至警察局，對經濟員警講話，要他們繼續努力，尤其是要注意於黑市的撲滅，所有的事情，只是說是沒有用的。上午訪胡適和徐道鄰兩位先生。下午召集若干同業公會理事長談話，個別地解決了許多小問題。

十月十八日

早起後，精神就不愉快，因為有許許多多問題，不但無法

解決，而且一天比一天嚴重。到中行之前，曾到醫院訪妻。到辦公室後，即召集幹部商討有關工作問題，大家感覺到本周要遭遇到的困難，將更大於往日，所以不得不準備一切可能的意外之對付。上午召集京滬、滬杭兩線縣長商討經濟管制工作，並無具體結果。中午在中央銀行吃飯。下午約吳宣潘吳方徐等談目前的經濟問題，可以說沒有一個是支持政府政策的。今日在精神上受到極重的壓迫，未安睡。

十月二十一日

今晨抵京。八時許，即訪惟果兄。九時，訪翁，談及物價問題，財政部沒有一定的把握和主張，頗有動搖不定的狀態。如此情形，使人看了真是急得非常。前前後後談了六小時，還是一點亦沒有結果。四時半乘機返滬，到上海已是萬家燈火了。抵滬後即至中行辦公。

十月二十二日

工作環境，隨著軍事的失利而更困難了。整個國軍似乎應再作整個的考慮與「調整」，否則是拖不下去了。上午在中央銀行起草「向上海人民進一言」的文稿，意思相當混亂，不容多寫出好的文字來。直轄方面，對我個人好像是很不滿意，那亦只好隨他去了。中午為糧食問題，商談很久，有許多人慌了急了。更進一步感覺到自己在上海確很孤獨。

十月二十三日

　　為了安定人心，決定發表「敬向人民進一言」。在其中說明為什麼要維持限價的理由。倘使讓價格放任不管制。則「方便的是有錢人，高興的是投機商，痛苦的是老百姓」。早晨處理公務完畢後，往訪李立俠，談了將近一小時，並沒有談出所以然來。步行至漁管處訪君邁，一邊散步，一邊看市況，倒很有意思。下午到江灣戡建隊幹部訓練班點名講話。晚上在江梁家中吃飯，今天內心煩悶到了極點。

十月二十八日

　　昨夜睡在勵志社，好久不到這裏來了，在過去住在這裏感覺到煩悶，今天則覺清靜，昨午夜接上海電話，知妻已生一男，心中甚喜。一夜未能安睡。早起後見趙仲容。九時到行政院，繼續參加經管會議。大家都主張讓步，決定糧食可自由買賣，工資可調整，百物都可合本定價。換句話說，一切都照舊放任了。會議完後，內心惶恐萬分。下午繼續參加會議，除了心中感受到難過之外，未說話。××會以及南京市參議會，對我攻打甚烈。今晚返申。

十月二十九日

　　昨夜在車上睡得很好，這是很奇怪的事。大概是因為過於疲勞的關係，醒來之時，車已抵昆山矣。遠望鄉景，秋風秋雨，更使人煩悶。下車後，即至醫院訪妻，並看新生之兒，內心甚喜。倘使沒有像今天這樣的困苦環境，則是一件大喜事矣。上午在中行辦公，內心很是不定，除處理日常公文外，並電稟父親：「遙念大人在前方之辛勞，兒在滬上不顧任何困難，必將奮鬥到底。」下午約吳開先談物價調整後的許多問題，晚訪步日兄，暢談心事。

上月反省錄

　　煙稅的增加，金圓券發行數目之大，造成了十月初的所謂搶購運動。由此而發生市場波動，一天不如一天地壞下去了，自己感覺到用下去的力量，已不十分有效了，在經濟方面講，是因為金圓券發行的數字太大，到處都是鈔票，而這許多鈔票，都是無路可走，所以造成了市場的混亂。吳蘊如來信說：「官吏白做了兩個月的工作，民眾白吃了兩個月的苦，並且窮的愈窮，而富的還是一樣的富。」這幾句話說得太心痛，同時亦夠刺激了，想起八九月間，人人拿美鈔黃金來兌換金圓券時候的情況，以及今天金圓券的貶值，實在太使自己難過了，每次想起人家將金鈔兌了之後，今天是如何地在怨恨我，真是慚愧萬分，為了表明自己

的責任心，並將向政府自請處分，並對上海市民表示歉意，以明責任。總之七十天的工夫，花了不少的心血，亦並不是白花的，讀了一部經濟學，得了許多痛苦的教訓，前途困難重重，瞻前顧後，心中有深感矣。

十一月一日

文兒章女於前日由杭來申，一家團聚，心中甚樂，但亦有無限的感憤，因為我的內心，是十分的憂苦與煩悶也。政府自今日起，已宣佈取消限價，兩個月的工作，一筆勾銷。回想起來，真是心寒，東北局勢，又是如此嚴重，徐州情況，又是如此緊張，一個有理智者之心，如何可安也。早起後，心即亂矣。上午召集重要幹部商討如何發表談話，表明態度。下午召開檢查委員會。

十一月二日

限價已經開放，七十天來的努力，已一筆勾銷。回想起來，真是惶恐萬分，今日發表告上海市民書，承認自己未能盡責完成任務，並且在若干地方，在工作過程中，增加了人民的痛苦。所以應向政府自請處分，而同時向市民表示最大的歉意。但是決不放棄自己既定的政治主張。這個文告，結束了「上海工作」。下午召集重要幹部二千人說明自己的態度。並指出決不掛白旗，而且要繼續努力。以日前形勢來看似乎應當作大打算了。下午在醫院陪妻，心緒甚亂。

十一月二日

九時許，到醫院接妻與新兒返寓所。倘使在太平的時候，這是多少值得慶賀的事。但是時局如此，總是難暢於心。十時半返寓。中午在新衡家吃飯，同桌者都是老同學，談談笑笑，倒很高興。上午約華白到郊外散步，回來後，即在家中閒談。國事如此艱危，而我則如此度時，內心急極。

十一月五日

昨天晚間在火車上非常煩悶，且有坐立不安之感。今日早晨。即至中行辦公室，料理對工作結束的有關各事。十時，召集幹部說明今後之態度與方針。這許多幹部，雖處於逆境，但始終肯聽命，確實是不易多得的同志。下午召開檢查委員會，並向督導處工作人員話別。

十一月六日

昨日正式發表消息辭督導員職。自今日起已不再到中央銀行辦公。當我離開辦公處的時候，心中實有無限的感慨，幾欲流淚。傍晚步行到金融管理局向林崇鏞李立俠辭行。望黃浦江上的晚景，覺得格外的淒慘。今日早晨，約行深滄白靈峰仲平乘汽車作杭州之遊。中途經過閔行乍浦海寧，一路的風景雖美，但秋風

紅葉，使人發生傷感。中午到達杭州‧見文、章兩兒，得敘天倫
之樂，下午遊虎跑，晚在樓外樓宴客。

　　這七個月的日記，表達了蔣經國先生的奮發之情，無奈之舉
及真情流露……

敗退臺灣重振綱

一九四九年初，蔣家王朝在大陸的統治已呈風雨飄搖、朝不保夕之勢。為了苟延殘喘，蔣介石放出「和談」煙霧，第三次下野，推出李宗仁在前臺收拾「爛攤子」，而他自己則在幕後實際操縱，以圖東山再起，捲土重來。當然，蔣介石也深知，除非有「奇跡」出現，否則挽危廈於即傾幾近是癡人說夢，因此，他也同時做好敗亡海外的準備。蔣經國此期的日記曾披露了蔣介石「下野」的考慮：

父親對其個人進退之出處，作如下之分析：

一、進之原因：

　　甲：勉強支持危局，維繫統一的局勢。

　　乙：等待國際形勢之轉變。

　　丙：靜觀共×內部之變化。

二、退之原因：

　　甲：黨政軍積重難返，非退無法徹底整頓與改造。

　　乙：打破半死不活的環境。

　　丙：另起爐灶，另起革命基礎。

蔣介石正式「引退」前，公佈了陳誠為臺灣省主席、蔣經國為臺灣省黨部主任委員的任命。並令蔣經國再赴上海，將中央銀行三點七億美元的黃金、白銀和外幣移存臺灣。下臺伊始．又指派蔣經國督建定海機場，為國民黨軍隊敗退臺灣做準備，事實上已經開始營造退路。蔣經國曾記錄：

記得父親引退之後，交我辦理的第一件事情，是希望空軍總部，迅把定海機場建築起來。那時，我們不大明白父親的用意。只能遵照命令去做，父親對這件事顯得非常關心，差不多每星期都要問問，機場的工程已完成到何種程度。後來催得更緊，幾乎三天一催，二天一催，直到機場全部竣工為止。到了淞滬棄守，才知道湯恩伯的部隊，就是靠了由定海基地起飛的空軍掩護，才能安全地經過舟山撤退到臺灣……

蔣經國形容此時期是「山雨欲來風滿樓」，「中華民國的危急存亡之秋」。由於眾叛親離，在國民黨大潰敗的生死關頭，蔣介石所能倚重者只能是自己的兒子。蔣經國雖被任命為臺灣省黨部主任委員，但並未去就任。他隨侍在蔣介石身邊，形影不離，從此成為蔣介石最得力的助手。

一九四九年春節前夕，蔣介石、蔣經國父子返歸故鄉溪口。在豐鎬房，蔣氏父子度過了自一九二一年安葬王采玉之後三十八年來的第二次「居家守歲」的春節，當然，也將是最後一次了。蔣氏父子自知滯留家鄉來日無多，何日方歸遙不可期，因此，抓緊一切時間，祭掃祖墳，遍酬族中父老，流連於家鄉的湖光山色，做辭別故園的準備。當然，蔣介石同時也並未真正做到「個人進退出處，絕不縈懷」，而是隱而不退，繼續以國民黨總裁的身份遙控危局，以溪口取代南京成為新的政治中心，國民黨的軍政要員，紛紛就道。李宗仁空有頭銜，而無實權。

此一時期，蔣經國以蔣介石全權代表的身份，全面介入國民黨軍政要務，無論是大西南組織反攻，還是東南、華南撤退，蔣經國往返奔波，台前幕後，親自操縱指揮。一九四九年二月二十六日，中共中央公佈內戰戰犯名單，蔣氏父子均赫然在列。四月十五日，國共和談代表在北平舉行第二次會議，中共代表團提出《國內和平協定》最後修正案，並指出四月二十日為最後簽字期限，逾期不簽字，將表示談判破裂，人民解放軍將立即過江。是日，正值蔣經國四十生辰，蔣介石特書「寓理帥氣」四字匾額，附跋，文曰：

每日晚課，默誦孟子「養氣」章。十五年來，未嘗或間，自於此略有領悟。又嘗玩索存心養性之「性」字，自得四句曰：「無聲無臭，惟虛惟微，至善至中，寓理帥氣。」為之自箴，而以寓理之「寓」字，體認深切，引為自快，但未敢示人。今以經兒四十生辰，特書此「寓理帥氣」代私祝；並期其能切己體察，卓然自強，而不負所望耳。

蔣介石又題：「立敬立極」、「法天自然」八字。蔣經國接到父親的題詞，顯得非常激動：「凡此所言，希望於我愈深，亦鞭策於我愈力，此後修養治事，定以此為準繩。」

一九四九年四月二十一日，中國人民解放軍百萬雄師分三路強渡長江。二十三日佔領南京，蔣家王朝在大陸的統治正式宣告覆亡。

四月二十四日，也就是南京失守的第二天，蔣介石決意永別溪口。他囑咐蔣經國安排妻兒飛台，以絕後顧之慮。二十五日，蔣氏父子悄然辭卻家鄉，至象山港登「太康號」軍艦，駛往上

海。從此未再歸！

臨行前的離情別緒，詳見於蔣經國日記：

> 上午，隨父親辭別先祖母墓，再走上飛鳳山頂，極目四望，溪山無語，雖未流淚，但悲痛之情，難以言宣。本想再到豐鎬房探視一次，而心又有所不忍；又想向鄉間父老辭行，心更有所不忍，蓋看了他們，又無法攜其同走，徒增依依之戀耳。終於不告而別。天氣陰沉，益增傷痛。大好河山，幾至無立錐之地！且溪口為祖宗廬墓所在，今一日拋別，其沉痛之心情，更非筆墨所能形容於萬一。誰為為之，孰令致之？一息尚存，誓必重回故土。

五月二十七日，上海失守。七月十六日，蔣介石在廣州成立國民黨非常委員會，自任主席，由幕後轉至台前，公開指揮國民黨軍隊殘餘最後一戰。蔣經國親侍其父左右，頻繁往返於大西南和臺灣之間，組織抵抗和反攻，力圖保住這「最後一塊反共堡壘」。無奈大勢已去，補天有心，回天無術！隨著昆明、重慶等重鎮相繼為中國人民解放軍攻佔，國民黨政權在大陸已無苟且之地，只得敗居臺灣孤島。十二月十日，蔣介石、蔣經國父子由成都飛往臺北，永別了中國大陸。

一九四九年發生了翻天覆地的變化，國共兩黨的歷史就此徹底改寫。蔣經國後來曾追述過這一年的景況和心境：

民國三十八年，可以說是中華民族的「危急的存亡之秋」。父親所處的地位環境，乃是空前未有的惡劣和複雜。國運正如黑

夜孤舟，在汪洋大海的狂風暴雨和驚濤駭浪中、飄搖、震盪，存續淪亡，決於俄頃。

我們身歷其境，當時也懵懵惚惚，不知不覺，恍如浮光掠影，隨波而逝。可是到了今天追憶起來，閉目沉思，始覺得當時國脈民命系於一髮，真令人動魄驚心，不寒而慄了。

【下篇】

去台四十年的復興路

老蔣復職重出山

國民黨敗退臺灣之初，形勢至為險峻。政治上，眾叛親離，人心渙散；經濟上，百業凋敝，入不敷出；軍事上，殘兵敗將，防備廢弛。尤為嚴重的是，長期以來一直是蔣家王朝後援的盟友美國「落井下石」，公開發表拋棄臺灣的宣言：「美國此時不想在臺灣獲取特別權利或建立軍事基地。它也不利用武力以干涉臺灣現在的局勢。美國並不採取足以涉及中國內戰的途徑。同樣地，美國政府也不供給軍援與軍事顧問於臺灣的中國軍隊。」坐待「塵埃落定」。而中國人民解放軍重兵集結臺灣海峽對面，萬事齊備，只欠「颱風」。借用江南的評點：「就全盤形勢而言，臺灣只是個等待爆炸的火藥庫。」

然而，「天有不測風雲」。一九五〇年六月朝鮮戰爭突然爆發，美國派出第七艦隊開赴臺灣海峽，蔣家王朝在臺灣的命運也就出現了歷史性的轉機。江南云：「朝鮮戰爭的爆發，把已經患了癌症的國民黨政權，從病榻上，起死回生。中美關係，最後因兵戎相見，冷凍三十一年，所謂臺灣問題了無盡期。其最大的受益人，自是國民黨政權，因勢便得以在夾縫中生存下來。」

當然，臺灣國民黨政權的「生存危機警報」並未解除。朝鮮戰爭的歷史契機，美國對臺灣政策的轉變，只不過暫時性地阻滯了中國共產黨解放臺灣的進程，使得國民黨政權有了偏安孤島的可能，但是它退居臺灣時所面臨的一系列從歷史到現實的問題，並沒有得到解決。國民黨政權能否在臺灣立住腳，並重建蔣家王

朝，這是蔣介石、蔣經國父子從經營臺灣之日起就開始反復思考的問題。

　　為了穩定人心，蔣介石不惜棄自己親定的「中華民國憲法」於不顧。於一九五〇年三月一日在臺北自行宣告複「總統」職，「名正言順」地走到台前，大權統攬，再建獨裁統治。痛定思痛，蔣介石也曾從政治、經濟、軍事各個方面總結過國民黨政權大陸慘敗的血的教訓，認為要「守得住」臺灣，並進而「反攻復國」，首先必須在經濟上建設臺灣，而要發展經濟，又必須改革政治，改造已腐敗不堪的國民黨。正是在臺灣國民黨的改造運動中，蔣介石重建蔣家王朝於臺灣的最重要的戰略佈署——「父業子承、培植蔣經國接班」的計畫，開始逐步實施。

　　大陸時期，雖然蔣介石也曾安排蔣經國多方磨礪，全面介入黨、政、軍、青、團要務，以樹立形象，並且也積累了一些政聲，然而畢竟由於資歷太淺，根基不深，加上國民黨內派系錯綜複雜，蔣介石把蔣經國擺在決策圈內之措，阻力重重。偏安孤島之後，因蔣介石年事已高，傳子之策已呈刻不容緩之勢。蔣家王朝在大陸覆亡的激烈動盪，對蔣經國的異軍突起，反倒是因禍得福，「黨中有黨，黨外有派」的國民黨經過大動亂的淘汰、清洗，能夠與蔣介石相抗衡的各種力量均已潰不成軍，蔣介石說話再也無人敢違。此種情形下再推蔣經國出臺，可謂天時、地利、人和，各種有利條件俱備。

　　國民黨退踞臺灣後，關於政權核心的人事安排問題，蔣介石曾煞費苦心。「行政院長」一職，由心腹陳誠出掌，當在「情理」之中。而吳國楨就任臺灣省政府主席兼保安司令職，

孫立人就任陸軍總司令職，則明顯得益於他們與美國朝野關係密切的特殊背景。這三人無論計資歷、計聲望、計才幹就此三職也可說適人適事。但是「新人」蔣經國的位置怎麼擺？則頗費斟酌。

蔣經國在臺灣國民黨權壇正式亮相的第一個職位，是「國防部政治部」主任，後改「總政治部」主任，編階為二級上將。此乃蔣介石讓蔣經國全面涉足軍界、抓槍桿子的精心安排。江南講：「政治部主任，交給經國，當時環境下，眾望所歸。青年軍時代，經國已初試鋒芒，僅限於淺嘗輒止，配合政工改造，環顧國民黨的高級軍政幹部中，只有這位共產黨出身的小蔣，能夠勝任。這年，經國四十初度，年齡、體力、經驗，均屬黃金時代。一般相信，只有他能對國軍的再生賦予活力和希望。」

由於蔣經國在國民黨軍隊中資歷甚淺，素無軍功，高官陡升，自然有人不滿、不服。原空軍總司令周至柔與蔣經國「總政治部」主任任命令發佈的同時，晉升為一級上將參謀總長。據傳周至柔曾對前來「賀喜」的人發牢騷：「現在連老百姓都可以當上將，我在沙場拼了幾十年命才升了這麼一個一級上將，想想也沒有什麼可喜。」這話後來傳到蔣經國耳中，他始終在「總政治部主任」的任期，從未穿著上將軍服在公共場合露面。

蔣經國深知自己涉足軍界，根基不深，因而採取了穩打穩紮、步步為營的長期經略的策略。為了培養自己的子弟兵，蔣經國上任後不久開始籌畫建立政工幹校。一九五二年，蔣經國的「黃埔」——政工幹校在臺北北投的復興崗正式開學。任命嫡系胡偉克、王永樹、王升先後出任校長，蔣經國對於政工幹校，也

一直抓得很緊，經常到政工幹校去上班，主持升旗儀式，進行訓話，並設「總政治部主任辦公室」於政工幹校校內。

蔣經國就任軍職之時，正值臺灣國民黨政權內外交困、朝不保夕的危難關頭。從大陸敗退下來的國民黨殘兵敗將，人心渙散，武備廢弛。為了「挽狂瀾於既倒」，蔣經國對國民黨軍隊進行全面整肅，淘撤冗枝，強化精幹，在全軍重建政工系統。蔣經國還模仿中國共產黨在人民軍隊中的政治教育和思想工作方法，用「三民主義」來訓練國民黨官兵，要求他們明確「為誰而戰？」他經常出現在「海防」第一線和各基層單位，和士兵們同吃同住，一起談心。當一江山島被中國人民解放軍攻佔，以及國民黨被迫主動放棄大陳島時，身為「總政治部」主任的蔣經國都堅持到最後撤離，贏得了國民黨官兵的折服。幾年工夫，蔣經國就在國民黨軍隊中奠定了自己的不拔之基。

除了「總政治部」主任的任職外，蔣介石復職「總統」後賦予蔣經國另外兩項更重要的使命：負責監督籌劃情報業務和對大陸遊擊活動的指揮派遣。

一九四九年七月，蔣介石在高雄成立以唐縱為召集人包括蔣經國在內的「政治行動委員會」，基本任務就是「統一所有情報工作·並使之充實、強化。」一九五〇年蔣介石將「政治行動委員會」改組為「總統府機要室資料組」，由蔣經國出臺總負責，舉凡一切黨政特務機構，統歸其管轄調動。

在蔣經國之前，臺灣最權勢炎人的是彭孟緝。彭孟緝在臺灣「二二八事件」之後長期主掌警備司令部、保安司令部，直接指揮臺灣最大的情報單位保安處。蔣介石一九五〇年復職「總統」

當日親筆所書的三個手令，其中一道就是給彭孟緝的。這三個手令的主要內容是：一、派蔣經國負責主持軍中政工重建，迅即恢復「國防部總政治部」；二、派俞鴻鈞負責設計臺灣財政、經濟秩序，成立「財經聯席會議」，由俞鴻鈞為召集人；三、派彭孟緝為「臺灣情報工作委員會」主任，負責協調指揮各情報單位在台之工作。但彭孟緝很乖巧，居安思危，知道「勢威震主」非萬全之道，所以很早就想將大權拱手讓於蔣經國，向太子輸誠。五〇年代初，為防止中國共產黨在臺灣的滲透而實行的「殺戒大開」籠罩全台的白色恐怖，就是由彭孟緝一手策劃和導演的。一九五四年，彭孟緝「急流勇退」，向蔣介石力辭「臺灣情報工作委員會」主任要職，竭力薦舉由蔣經國出掌臺灣特務全權。這樣，蔣經國領導的「總統府機要室資料組」就接管了「臺灣情報工作委員會」。在此之前，蔣經國已經通過總政治部第四處主管保防，實際上等於奪取了一向對自己介入情報系統不買賬的毛人鳳「保密局」的業務。對其他戴笠舊部，收容已用。最典型的例證，是「輸誠」的彭孟緝官運亨通，最後竟爬至一級上將參謀總長之顯赫之位，而「不服氣」的毛人鳳被架空後，幾近賦閑，時值壯年，竟抑鬱病亡。幾年時間，蔣經國就全面掌握了臺灣黨、政、軍各個領域內控外防的特務組織的大權。「保密防諜」的口號，在蔣經國統掌情報系統的時代，竟「普及」到全島的每一個角落，婦孺皆知，所以，有人評論說：「由此時開始，蔣經國真正掌握到威靈顯赫的權力之柄。」後來，蔣經國報請蔣介石成立「國家安全局」以統轄之，以鄭介民出任局長。

在蔣介石的精心安排下，蔣經國在國民黨黨內的地位也穩步

上升，開始全面介入到決策層。一九五〇年七、八月間，蔣介石醞釀已久的「中國國民黨改造方案」正式公佈，開始實施。這場「改造運動」的領導機構「中央改造委員會」，摒棄了國民黨的元老級大員，大多以「新生代」充任，十六名成員中，最引人注目的新人，則屬年方四十，黨齡僅十二年的蔣經國。與此同時，原來人數龐雜的「中央執行委員會」和「中央監察委員會」撤銷，改以二十五人的中央評議會代替。江南對蔣介石如此安置蔣經國在國民黨內出頭的「絕妙舉措」評論道：

經國於一九三八年六月加入國民黨，黨齡十二載，過去占著團的據點，黨的上層機構，沒有他插手的機會。論勞績，在政黨的情況下，決不可能以大躍進的速度，躋進中央決策單位。可是，蔣先生打著改造的旗號，既「改造」便不宜沿用舊規，靠換幾個麻將搭子，新陣容老班底的辦法，來刷新黨政關係。

中央改造委員會相等政治局常委的分量，經國要進入組織內層，這無疑是最重要的階段。

為了在臺灣建設「蔣家天下蔣家黨」，蔣經國步入國民黨決策圈後的第一個舉動，就是向多年把持黨務的CC系開刀。由於有蔣介石的直接撐腰，班底已散的陳果夫、陳立夫兩兄弟自然得敗下陣來。陳果夫有病臥床，膺選中央評議委員，姿態多於實質，真正的CC系巨頭陳立夫則被蔣介石以五萬美金的程儀，打發到美國新澤西州休閒養雞。行前，陳立夫向宋美齡辭別，宋美齡贈以《聖經》一本，說：「你在政治上負過這麼大的責任，現在一下子冷落下來，會感到很難適應，這裏有本《聖經》，你帶到美國去念念，你會在心靈上得到不少慰藉。」陳立夫的反應，則頗出

宋美齡的意外，他指著牆上掛的蔣介石肖像，言語低沉地表示：「夫人，那活的上帝都不信任我，我還希望得到耶穌信任嗎？」

趕走了CC系的勢力，蔣經國在國民黨黨內當權的阻力也就隨之破除。一九五二年，國民黨「七全」大會召開，蔣經國被推選為國民黨中央委員。隨後的七屆一中全會，蔣經國又被蔣介石指定為國民黨中常會委員。至此，蔣經國在國民黨的權力中樞享有舉足輕重的發言權。

蔣經國一向被稱為「青年領袖」，大陸時代曾長期經營三青團。國民黨敗退臺灣後，蔣經國為了配合乃父的「反共抗俄總動員」運動，再次發動青年。一九五二年十月「中國青年反共救國團」成立，蔣介石兼任團長，蔣經國親任主任。為什麼要成立這個組織？蔣經國在第一次臺北「救國團」的宣誓典禮上的講話表達得非常清楚。

三十八年（一九四九年）大陸的失敗，大家只看到軍隊給人家打垮了，雖然這也是事實，但是要注意，除了軍隊，我們的青年也被中共解除了精神武裝，青年組織也被瓦解。我們感到軍隊的整頓非常重要，這三年以來，我們雖然集中全力在整頓軍隊上但是，我們領悟到三十八年失敗的教訓。更知道要打倒中共，復興國家。還需要組織青年團結青年，給他們一種新的教育，灌輸他們新的精神。

國民黨大陸時代，中國共產黨領導下的青年運動尤其是學生運動風起雲湧，乃至最後形成推翻蔣家王朝的「第二條戰線」。對此，蔣經國有「切膚之痛」。他認為這是由於「大陸青年被中共解除了精神武裝」之故，因之，他決意通過「救國團」這一組

織在臺灣青年中牢固樹立起「三民主義信仰」。蔣經國為「救國團」規定了「信仰三民主義」、「擁護領袖」、「服從命令」、「嚴守紀律」、「自立自強」、「實踐力行」、「自助合作」、「服務犧牲」八款新規。同時，在蔣介石的支持下，蔣經國將所有學校的軍訓由「救國團」統攬下來。所以江南評判「救國團」的性質：「這是第二個三民主義青年團，是國民黨的預備隊。」

由於「中國青年反共救國團」在臺灣幾乎無事不可過問，無處不可插足，臺灣社會各界甚至包括國民黨內部亦有人對「救國團」這個「經國的黑市機構」頗不以為然，非議甚多。他們公開指斥「救國團」「不過是國民黨內新興的所謂某一派，利用國民黨的招牌，所公開做的培植私人政治資本的工具而已！」幾乎是公開點了蔣經國的名。

在蔣介石的精心策劃和全力支持下，蔣經國在黨、政、軍、青、特各條戰線全面出擊。短短幾年時間，蔣經國就已在臺灣國民黨政權的核心層面站穩了腳跟，成為令人矚目的新一代政治強人。

小蔣崛起掃路障

　　由於蔣經國的突然崛起，臺灣國民黨政權原有的政治格局被打破，新的均衡產生於激烈而複雜的權力紛爭和再分配之後。雖然蔣介石偏安孤島後不久即確定了父業子承、重建蔣家王朝的目標，並精心培養和強力扶植蔣經國全面接班，但是並非所有的元老重臣都買蔣氏父子的賬，心甘情願接受蔣氏家天下的獨裁統治。蔣經國「接棒」之路，阻力重重，沒有一番血的搏殺，過關斬將，「繼承人」之位是無法確立的。

　　國民黨內最早向「太子擅權」發難的，是蔣介石敗退臺灣後一度曾十分倚重的兩員大將：吳國楨、孫立人。吳、孫均為國民黨政權中至為罕見的德、才、識均佳之人才，西方化較重，一為普林斯頓學院的高材生，一為佛吉尼亞軍校的優秀畢業生，與美國朝野關係密切。國民黨政權重建後，為了爭取美國的支持和援助，蔣介石打出這兩張「親美牌」：任命吳國楨為臺灣省主席兼保安司令，主政；任命孫立人為陸軍總司令兼衛總司令，主軍。一時間，臺灣國民黨的政治、軍事上頗有一番新氣象出現，吳、孫二人聲威日隆。很快，他們便與正在蔣介石的縱容下四面出擊、放手抓權的蔣經國發生了正面衝突。

　　蔣經國與吳國楨之間早有嫌隙。一九四八年蔣經國在上海督導經濟改革，曾遭時任上海市長的吳國楨激烈反對，認為用高壓的政治手段無法從根本上解決經濟問題，最後蔣經國果真「打虎」失敗，落荒而走。蔣經國沒有從正面吸取教訓，卻把這筆賬

記在了吳國楨頭上。到臺灣之後，吳國楨成為「京官」。吳國楨雖然名義兼著保安司令部司令之職，但實權卻掌握在早已投效到蔣經國麾下的副司令彭孟緝手中。對於蔣經國、彭孟緝在五十年代初期，利用特務統治大搞白色恐怖的極端行為，吳國楨一直持有異議，曾屢次向蔣介石進言：「如鈞座厚愛經國兄，則不應使其主持特務，蓋無論其是否仗勢越權，必將成為人民仇恨的焦點。」然而，培植蔣經國全面接班，是蔣介石的既定方針，吳國楨的諍言，自難入耳。用吳國楨《上蔣「總統」書》中的話講：「此後鈞座對於經國兄更加信任，不獨任其控制特務及軍隊，且使之操縱黨部並主持青年團。」在此情形下，吳國楨只能以辭職相對。

客觀而論，對吳國楨的人品和才幹，蔣介石還是頗為賞識和器重的，只是寵臣與愛子之間的是是非非甚難兩顧。吳國楨回憶說：「我辭職，他派黃伯度傳話，只要我願意和經國合作，願當行政院長，可當行政院長，愛當主席兼院長，悉由我挑。可是，我一概謝絕。」因為此時吳國楨已經看出：「鈞座愛子甚於愛民，愛黨甚於愛國。」卸職後月餘，吳國楨離台赴美，從此遠離了臺灣政壇。

扳倒了吳國楨，另一個「敵人」孫立人就顯得格外突出了。孫立人與吳國楨的情形有所不同，他非嫡系出身，從來就不曾得到蔣介石的真正信任和重用，只是由於孫立人在國民黨軍隊中才華過於突出，軍功顯赫，加上背後一直有美國人撐腰，才未被蔣介石閒置。到了國民黨敗退臺灣，能否偏安孤島，全系美國是不是支持和援助的關鍵時刻，蔣介石打出這張王牌，任命孫立人出

任陸軍總司令兼保衛總司令，主軍，向美獻媚。但蔣介石對孫立人的戒心一刻也未曾放鬆。孫立人是一位典型的職業軍人，性格耿直，好惡分明，恃才傲物，卓爾不群。吳國楨與孫立人是至交，他曾舉過一個很有代表性的例證說明孫立人是如何見罪於蔣介石的：一九四九年，蔣介石赴台在高雄登陸，時任臺灣防守司令的孫立人前往迎接，蔣介石劈頭第一句話：「我在此地安全嗎？」孫立人回答道：「由我們保護，有什麼不安全？」後來，吳國楨告訴他：「你應該說，臺灣是總統的地方，當然安全，為什麼要說，你保護呢？」

當然，最後導致孫立人被「封殺出局」最重要的原因，還是因為他「不買太子的賬」，公開反對蔣經國通過政工系統控制軍隊，要求撤銷政治部，這無疑是犯了蔣家之大忌。孫立人先是被解除了陸軍總司令之職，剝奪了兵權。之後，又以「孫立人兵變」為藉口，軟禁了他，剝奪了自由，孫立人成了第二個張學良。蔣經國「接棒」之路又減少了一重障礙。

但是，對於蔣經國來說，欲名實相符地承繼父業，執掌國柄，還有一道必須逾越的「鐵閘門」——臺灣國民黨政權的「法定繼承人」陳誠。陳誠是蔣介石嫡系中的嫡系，一直深受蔣介石的信任和器重。國民黨政權在大陸覆亡之前，他被蔣介石派到臺灣來經營退路，出任省主席兼警備總司令，以後即穩步上升，由「行政院長」，而國民黨中央副總裁，而「中華民國「副總統」，成為「法統」的「准接班人」。從歷史上觀，陳誠從未有過背叛蔣介石的行為，更高人一籌的是，凡是蔣介石搞糟了事情，無法收場，無法下臺，總是由陳誠主動站出來，代蔣介石

受過。這也正是陳誠一直深得蔣介石賞識，地位穩固，在「黃埔系」中僅次於蔣介石的重要原因。

但是，陳誠並非沒有任何政治野心。國民黨大陸失敗前後，由於陳誠主掌臺灣軍政大權，地位舉足輕重，美國曾遊說陳誠在臺灣「自主」與大陸分離而獨立。在美國的高壓與誘惑之下，陳誠曾有過一段彷徨和猶豫。對於蔣介石赴台的「通知」保持了長達幾日的沉默。但思忖再三，最後還是下定決心迎立「故主」蔣介石。對於陳誠的這一「反常」現象，蔣介石是有所警覺的。一九四九年五月蔣介石由舟山赴臺灣，不在臺北登陸，卻出人意料地在高雄上岸。《吳國楨八十憶往》一文中曾筆涉此一「蹊蹺」：「一九四九年五月，蔣先生自舟山致電陳誠，告有赴台之行，陳在二十四小時內未行覆電，蔣只好改從高雄登岸，因高雄市非陳的勢力範圍。」

陳誠第二次見罪於蔣介石，是在一九五八年第三次「總統」選舉中。

按照「憲法」規定，已連任一次「總統」的蔣介石已無再度成為「總統候選人」的資格，因此蔣介石放出「保護憲法」（意即不再連任）的試探氣球，然而，陳誠不知深淺，竟信以為真，在岡山召集親信，密謀接班佈局，準備以「副總統」身份繼任「總統」。不期然，陳誠的一舉一動皆在蔣經國的監視中。從此，陳誠即成了政治上的廢人，有職無權。

國民黨偏安臺灣後，蔣介石已下定決心把這最後一點江山傳給嫡嗣，當然也就絕不會再允許他人覬覦。之所以還長期供著陳誠這尊神，而沒有像對待吳國楨、孫立人那樣徹底封殺出局，是

因為蔣介石知道陳誠的身體狀況，重病纏身，來日無多，對蔣經國的「接班」構不成實質性的威脅。對此，江南評點說：

陳有野心，又是經國的父執輩，對太子並不輕易就範，以他過去的資歷，現在的功勞聲望，遠非經國所可以匹敵。但除非蔣先生突然歸天，陳依憲法規定遞補，經國認輸。陳成功的偶數，非常渺小，一為年齡的懸殊，陳五十七，經國四十五，相差十二歲，時間對陳不利；二為陳的健康，患嚴重胃炎，早不堪繁劇。相對地，蔣先生精力過人，在生命接力賽中，冠軍有望。

陳誠長蔣經國十二歲，但少蔣介石十六歲，他當然不能料想到，他竟會比蔣介石提早十年去世。一九六五年陳誠病故後，蔣介石親筆書寫挽聯：「光復志節已至最後奮鬥關頭，那堪吊此國殤？果有數耶！革命事業尚待共同完成階段，意忍奪我元輔，豈無天乎？」蔣經國也有挽聯云：「三十年導師中殂，憂國不憂身，少長皆令照肝膽；千萬裏疆土待複，為河亦為嶽，涕夷原許負弓旌」。其中哀樂誰人知！另外，還有一個能夠對蔣經國「接班」之旅產生重大影響的人物，即「永遠的第一夫人」宋美齡。由於生母毛福梅被黜的緣故，蔣經國一向對「後母」宋美齡敬而遠之，心存嫌隙。一九四八年上海「打虎」失敗，蔣經國更是永遠無法原諒宋美齡的「背後插刀」。一九四九年，國民黨敗退臺灣前後，因為宋美齡赴美求援，蔣經國得以隨侍蔣介石左右，取代了宋美齡而成為蔣介石最主要的助手。一九五〇年，在美滯留經年而一無所獲的宋美齡返回臺灣，蔣經國曾專程至馬尼拉接駕，表現出異乎尋常的熱情。宋美齡返回臺灣後的職務是：國民黨中央評議委員、「國民代表大會主席團」主席、「中華反共抗

俄婦女聯合會」主任委員，位高爵尊，但無實權。原來權威顯赫的宋美齡的親屬們，也都遠離了臺灣政壇，在美國謀求生存和發展。「永遠的第一夫人」僅是有名無實的尊稱，昔日呼風喚雨、縱橫擷闔的八面威風已不復存在，大權均操於蔣氏父子手中。一九五三年，宋美齡自作主張，私放吳國楨離台，曾引起蔣氏父子的不滿。後來，宋美齡一度曾謀國民黨副總裁之位，遭到蔣氏父子的一致反對，而未能成功。

當然，宋美齡僅僅是對自己大權旁落不滿，時時與專權的太子為難，但對於蔣經國「父業子承」重建蔣家王朝並不反對，相反，往往在關鍵時刻還助蔣經國一臂之力。這點蔣經國是心知肚明的。因此，無論是蔣介石在世時，還是去世後，蔣經國與宋美齡基本上是相安無事的，絕少正面衝突。

正副職位常顛倒

　　一九五四年，為了平息因「吳國楨事件」而引起的台島內外對蔣經國「擅權」的普遍非議，蔣介石安排蔣經國調離「總政治部」，出任「國防會議」副秘書長的新職。

　　在臺灣國民黨當局的權力結構中，「國防會議」（後改為「國安會議」）是一個地位和性質極其特殊的一個機構，因人而設。主席由蔣介石自兼，主持日常工作的是秘書長。江南評點：

　　蔣先生憑靈感辦事，要設什麼機構，反正不受立法的牽制，想設就設。國安會議其實由過去的「政治行動委員會」或總統府資料組繁衍，是制度化的太上特務機構，下轄「國家動員局」和「國家安全局」兩個機構。會議本身，設若幹組，負責承上啟下，但外強中乾，又像是個空架子。秘書長是顧祝同，後來周至柔，經國擔任副手。如果，暸解蔣先生的一套政治權術，這就是他老人家的火候，經國一輩子從政，擔任無數次副職，正副只是名義，和權力的實質，並無絲毫關係，而經國總是把正副顛倒過來。

　　因此，蔣經國由「總政治部」的前臺淡出而轉就「虛」位，名分不同，權力如舊，實際上是以退為進。一九五六年，臺灣當局創立了「國軍退除役官兵就業輔導委員會」，主任嚴家淦，蔣經國出任副主任代理主任。第二年，蔣經國扶正，全面掌管「輔導會」的工作。直至一九六四年，蔣經國就職「國防部」副部長，「輔導會」主任一位由趙聚鈺暫代。蔣經國在「輔導會」一

直幹滿八年。平心而論，八載「輔導會」主任，蔣經國可謂是盡心盡職，成績也是較為明顯的。對於國民黨軍隊大批的背井離鄉、長年置身軍旅、謀生乏術的退役官兵，安置失當，引發社會問題乃至影響軍心士氣是無可避免的。蔣經國利用自己的特殊身份與地位擔當起此重任：年輕而志求學的，輔導就學；有工作能力的，輔導就業；需要休養的，使之休養；病苦的，使之就醫。「輔導會」創辦了醫院、榮民之家、農場和工廠。經過八年的不懈努力，共安置退役國民黨官兵十二萬多人，生產收益達五點九億多元。「輔導會」八年，使蔣經國頗為自豪。此一政績也在很大程度上改觀了他在臺灣民眾心目中「恐怖人物」的形象，口碑平添，為蔣經國日後的高升奠定了良好的「民意」基礎。

　　一九六三年，重病纏身的陳誠請辭所兼「行政院長」一職。由誰接任？蔣介石頗費斟酌。一個不爭的事實，誰是陳誠的繼任，那麼准就將是「法統」的「准繼承人」。雖然，蔣介石早有「傳子」之心，然而此時就由蔣經國接替陳誠，畢竟條件尚不成熟，還必須有一個過渡期，必須有一個過渡性人物。出於這樣的考慮，蔣介石選擇了臺灣政壇名不見經傳的新人嚴家淦擔當此任。一時間，輿論大嘩，各方面反應強烈。然冷靜析之，又都覺「意料之外、情理之中」。嚴家淦是個技術性官僚，長期在財政口任職，後來雖官至臺灣省主席兼保安司令，然一無野心，二無班底，為人循規蹈矩，庸庸碌碌，萬事不爭先，「遇事推事」。嚴家淦對蔣氏父子一向忠心耿耿，俯首聽命，從未有些許違意。這樣一個人物推至前臺，諒不會構成對蔣經國日後接班的任何威脅。江南評點道：「臺灣土地面積雖小，出將入相的人才，說得

上濟濟一堂。蔣先生慧眼獨鍾，一個唯唯諾諾的嚴靜波，不可否認，有私字的成分。」

平步青雲的嚴家淦自然深知蔣介石的良苦用心：自己在台前，無非是過渡性角色，為太子「接班」做陪襯而已！因而，他「榮膺」閣揆，博得虛名之後，第一件事就是秉承蔣介石旨意，提名蔣經國為「國防部」副部長，授太子以實權相報。

當時的「國防部」部長是蔣經國的兒女親家俞大維，也是一位技術性官僚。俞大維有過頸部淋巴腺腫癌的病歷，雖然美國醫生以鈷六十放射治療而消除，但仍需長期追蹤觀察。因此，每年都要離台赴美一二個月。蔣經國「國防部」就任後，俞大維以「身體狀況不佳」為由，幾乎將一切要務均交付蔣經國辦理，而且他將赴美檢查身體逗留的時間，也有意無意地延長。蔣經國拍板決定的事，俞大維在事後沒有不認同的。第二年，俞大維審度情勢，又直接向「行政院」院長嚴家淦轉呈蔣介石「懇辭」「國防部」部長職務，並推薦副部長蔣經國自代。一九六四年一月十三日，蔣介石正式發佈命令，把蔣經國扶正。其中曲折，有幹衡的文章《行政院改組前後》予以「特寫」，讀後令人粲然：

「國防部長」俞大維的計畫，也不是一朝一夕的事。這位做了十年「國防部」部長的彈道專家，最近決心掛冠的原因，是由於他所患的糖尿病，影響他的健康，同時右耳也聾得比過去厲害，因此他決定向嚴院長保薦他的副手蔣經國先生。嚴院長雖然懇切的予以慰留，但他的去意甚堅，他向嚴院長表示，他在「國防部」已經整整十年，也該換一位比他年紀輕一些的人，來接替

一下，他告訴嚴靜波說：他的親家蔣經國將軍比他能幹得多，他並且說：他推薦蔣經國將軍，並不是由於他們是兒女親家，而是因為「國防部」需要蔣經國這樣能幹的人。最後嚴家淦乃接受了俞大維的辭呈，但有一個條件，那就是請俞繼續留在內閣中，擔任政務委員。

俞大維這次請辭，並推薦他的副手繼任他的職務的消息，經晚報發表之後，外間的反應，至為良好。人們相信，能幹而且負責的蔣經國將軍，由於十幾年來，他與三軍的歷史淵源及其卓越貢獻，包括他先後在「國防部」總政治部、退除役官兵輔導會、以及「國防部」副部長任內的輝煌成就，現在主持「國防部」實是最理想的人選。

坐上「國防部長」的寶座，蔣經國已徹底掌握臺灣的軍權。雖然根據臺灣「國防組織法」，國民黨軍隊的統帥權，向由參謀總長和「國防部長」分享，然而自蔣介石開始，國民黨政權的任何機構，官職的許可權大小，均因人而異，蔣經國不過步乃父後塵，他在哪個位置就任，權力重心也就偏移至哪裡。如同蔣經國長期以副代正一樣，蔣經國現在出任「國防部長」，參謀總長就成了他的幕僚，這也是約定俗成的「慣例」！

蔣經國就任「國防部」部長的第二個月，陳誠病故，蔣經國心裏的最後一片陰影消除。一九六六年嚴家淦在蔣介石的精心安排下「競選」「副總統」成功。蔣經國的「接班」之路已全部鋪平。「承繼大統」僅僅餘下時間問題。

蔣經國「國防部」部長任職，始於一九六五年一月，止於一九六九年六月，歷時四年又五個月。蔣經國行事作風與乃父不

同，事無巨細，均親自體察，事必躬親。舉凡各種軍事會議、軍事佈防、調動、校閱、演習以及軍事將領的升遷調配，蔣經國無不一一過問，嚴格掌握。他還經常深入各軍事基地、營區以至軍事前沿陣地巡視。

一九六九年六月，臺灣「行政院」改組，原副院長黃少谷辭職，由蔣經國升任。在「接棒」的權力之旅上，蔣經國更進一步介入權力核心，雖然蔣經國名義上仍是副職，但實際上又一次正副顛倒，嚴家淦事事要反過來請示蔣經國。到了一九七二年三月，嚴家淦連任「副總統」之後，為報蔣介石「知遇之恩」，立即請辭「行政院長」之職，推舉蔣經國為繼任人選。五月，國民黨中常會決議，召蔣經國出任「行政院長」，此可謂正中蔣介石下懷，他可以「舉親不避嫌」了。於是蔣介石正式提名蔣經國就任「閣揆」，並咨請「立法院」同意。「父親提名兒子」的絕妙諮文如下：

> 「行政院院長」嚴家淦，懇請辭職，已勉循所請，予以照準。
>
> 茲擬以蔣經國繼任「行政院院長」。蔣員堅忍剛毅，有守有為，歷任軍政要職，於政治、軍事、財經各項設施，多所建樹，其於「行政院」副院長任內，襄助院長處理院務，貢獻良多，以之任為「行政院」院長，必能勝任愉快。爰依「憲法」第五十五條第一項之規定，提請貴院同意，以便任命。此咨「立法院」。
>
> 「總統」蔣中正

蔣經國入主「行政院」，事實上已經標誌著蔣經國統攬全局的「蔣經國時代」的正式揭幕。「總統」蔣介石在蔣經國出任「閣揆」的第二個月即因病纏身長住榮民醫院，不能視事；「副總統」嚴家淦亦深明自己「供奉的神像」地位，仍然是「遇事推事」，一切大權均操於蔣經國之手。

　　蔣經國上臺之際，恰值臺灣當局再次處於內外交困而風雨飄搖的危難之境，尤其是外交上，經歷著一場遷台後前所未有的「大地震」。

　　美國的支持和援助，一向是臺灣國民黨政權得以維持的至關重要的外部條件。一九五三年、一九六三年、一九六五年、一九六九年、一九七〇年蔣經國曾五度訪美，強化同盟關係。但是自理查‧尼克森入主白宮之後，美、台關係急劇逆轉。二十六屆聯合國大會驅逐臺灣「中華民國」代表，恢復中華人民共和國合法席位；基辛格、尼克森相繼訪華，發表「上海聯合公報」；以及隨之而來的西方各國紛紛與臺灣當局「斷交」。這一連串的打擊，使得臺灣國民黨政權在國際上陷入空前孤立的絕境。

　　同時，在臺灣島內，由於長時期的「蔣氏家天下」政治高壓的獨裁統治，民主運動持續不竭，風起雲湧。雖然蔣經國屢施鐵腕，囚雷震、刑柏楊、禁李敖，迫持不同政見的知識份子緘口，但畢竟防不勝防。蔣經國為了改變自己在民間形成的「恐怖人物」形象，一度也曾以官方蓄意製造的「青年導師」面目出現，在七十年代初刻意營建出一個鼓勵知識份子「參議國事」的「臺灣之春」的寬鬆氣氛。不期然，「開口成川」，蔣經國引火焚

身，輿論批評直指蔣家小朝廷。於是蔣經國只得再覆鐵幕，埋伏下「隱患」重重。

另外，國民黨製造的「二二八」事件的創傷一直未能在臺灣民眾心中消弭，臺灣當局一直也未能妥善解決日益激化的省籍矛盾，而「台獨」勢力則乘虛而入，興風作浪。蔣經國一九七〇年最後一次訪美，在紐約遭「台獨」分子槍擊，險些送命。

因此，對於一九七二年「蔣經國時代」的來臨，臺灣國民黨內部是寄予厚望的。各方面對於蔣經國「期望之殷」。陶百川在《廉能之治與志士之氣》文中的一席話頗具代表性：「蔣經國先生在此時此地出任『行政院長』，可說是受命於『危急存亡之秋』，不僅要安內攘外，簡直須旋乾轉坤。任務的艱巨，恐非一般人所能想像。但如果真能加強廉能之治，恢弘志士之氣，則國基永固、四海歸心，他日以仁擊暴，得道多助，國事固大可為也。」

而蔣經國一上任，也立即呈現出「新人新政」的「新氣象」。他發表就職演說稱：「在此世局變幻，國家殷憂的時刻，承擔艱巨，內心深感惶恐。」他表示願以「國民」利益為先，排除萬難，「推進廉能政治」，完成「時代使命」，並明確提出任內的六字方針：「平凡、平淡、平實。」蔣經國首先從人事革新入手，大量起用新人及台籍人士入閣參政。

蔣經國的第二個新措施是大刀闊斧整頓吏治，改善社會風氣。他上任伊始，即向整個官僚機構提出了「十大革新」要求，並向整個社會發出「八項革新」號召，以肅人心，以正風氣。臺灣是金錢社會，貪污受賄橫行，蔣經國知道此積弊非極端手段

不能除。因此，他一方面從正面倡導廉能政治，一方面嚴刑峻法，雙管齊下。他首先拿自己的至親王正誼開刀，以示鐵面無私。王正誼曾任「行政院人事行政局局長」兼「中央公務人員購置住宅輔助委員會主委」，他利用職務之便，貪污十三點七五萬元美金。王正誼是王采玉的姪孫，論輩分是蔣經國的表兄弟。蔣經國親自下令將王正誼收押，經過三次庭訊，判處無期徒刑。此案結局令台島震動。其他貪污案的處理，如「海關副稅務司兼稽查主任」白慶國被判死刑，高雄市楊金虎，被判五年徒刑，其妻倍之，等等。也無不顯示了蔣經國不達目的決不甘休的決心和鐵腕作風。與此同時，蔣經國嚴令各界各級首腦禁止在各種公私機關兼職，以「專心政務」。為了保持六十年代以來臺灣經濟每年以罕見的兩位元數字遞進的持續高速增長的良好勢頭，同時也為了建立現代化建設的物質技術基礎，改變以輕工業為主的經濟結構，減輕對外依賴程度，蔣經國明確提出以自由經濟為手段，均富為目的，促進經濟全面發展的方針。一九七二年，投資五千萬美元，宣佈實施「加速臺灣農村建設的新措施。一九七三年蔣經國又提出以五年為限，完成交通與重工業為主體的「十大工程建設」。

一九七八年，中山高速公路通車了，這是一條縱貫臺灣南北四百多公里的高速公路，也是臺灣第一條高速公路。

當初建成時，許多人批評這根本是一條超大型的養蚊場，因為根本沒多少車在路上面跑，是富人專用的。但事後幾十年證明，這條高速公路對臺灣經濟產生了重大影響，讓商品貨暢其流地在臺灣西部三大港間流通。甚至到了後來，臺灣私家車變多

後，這條高速公路根本不敷使用。並且，一定會被堵在路上好幾個小時。本來南北往來只要四個多小時，這時變成近十個小時或更久，整條高速公路變成一個大停車場。在晚上看來，車尾燈就如同一條紅紅的龍，盤到地平線的另一邊。

因此，後來當局又建了好幾條方向重複的高速公路，以減輕車流負擔。但高速公路在臺灣除了交通功能外，還有很重要的戰備功能，在某些路段上，是特別設計來供戰鬥機起降的。

那幾年，「十大建設」陸續完工。「十大建設」是指臺灣在二十世紀七十年代時所進行的一系列基礎建設工程。在這之前的臺灣許多公共基礎建設，如道路、港埠、機場、發電廠等，仍處於欠缺、老舊的狀態。再加上一九七三年十月第一次石油危機爆發，受到全球經濟不景氣的影響，為了提升和深化總體經濟發展，當局開始規劃進行十個大型建設工程。這分別是：核能發電廠、中正國際機場、鐵路電氣化、台中港、中山高速公路、大煉鋼廠、大造船廠、石油化學工業、蘇澳港、北回鐵路。在「十大建設」中，有六項是交通運輸建設，三項是重工業建設，一項為能源項目建設。

但當初蔣經國決定「十大建設」的計畫時，是冒了很大風險的。當時臺灣經濟尚處於起飛初期，民眾經濟所得尚未提高，以及當時遇上第一次石油危機和臺灣當局退出聯合國等外交困境，可以說，臺灣在發展「十大建設」時，當局是沒有經費的。所以，有部分官員表示反對，但蔣經國以一句「今天不做，明天就會後悔」力排眾議，後來通過找沙特借款才得以解決。可以說，臺灣經濟完全起飛是在「十大建設」之後。

以當時蔣經國的觀念來說，他認為，在經濟成長的過程中，「富可敵國」與「貧無立錐」如果形成兩個極端，卻被理解為經濟真的成長了，這應是一大諷刺。所以，為了避免像許多高度開發國家那樣財富集中，貧富懸殊，他認為發展不僅要財富增加，也要合理分配，這樣人民才能在均富的標準下愉快又勤勞地工作，社會才能穩定。可以看到「十大建設」裏有七項是經濟基礎建設，對臺灣未來來說，不管採取哪種發展策略都是非常必要的建設。

　　「十大工程建設」投資總額為六十四億美元，蔣經國態度堅決，他說：「就經濟發展的理論與史實看來，任何一個國家如果本身沒有重工業和基本建設的基礎，經濟發展一定會受到影響和滯礙。」「所以，我們在未來五年中間，要為經濟建設奠定一個重工業和基本建設的基礎。」後來，臺灣經濟起飛及良性迴圈的事實也證明了當年蔣經國的遠見和魄力。

　　蔣經國入主「行政院」短短幾年時間，就以「強人」之勢，在臺灣國民黨政權中確立起主導地位，使自己處於「全面接班」的最佳位置。

老爸歸西孝道場

　　一九七五年四月五日，統治中國大陸和臺灣長達半個世紀之久的大獨裁者蔣介石在臺北因病亡故，撒手人寰。

　　事實上，從一九七二年起，蔣介石就已經是重病纏身，無法正常處理公務了。按醫生所囑，本應辭職退休，所有大政要務要交由「副總統」代理。但是蔣介石為了給蔣經國留足時間，令其從容接班，對外嚴格保密他的病情。進入一九七五年，蔣介石已時時處於彌留狀態。三月二十九日，蔣介石預感將不久於人世，便口授遺囑。四月五日，清明節，蔣介石的病情急劇惡化，據醫療小組的報告指出：

　　腹部不適，同時小便量減少。醫療小組認為蔣公心臟功能欠佳，因之血液迴圈不暢，體內組織可能有積水現象，於是授以少量之利尿劑，此使蔣公排出五百CC之小便。下午四時許，小睡片刻。

　　四月五日，下午八時一刻，病情惡化。醫生發現老人脈搏又突然轉慢，當即施行心臟按摩及人工呼吸，並注射藥物等急救，一二分鐘後，心臟跳動及呼吸即恢復正常。但四五分鐘後，心臟又停止跳動，於是再施行心臟按摩、人工呼吸及藥物急救，然而此次效果不佳，心臟雖尚時跳時停，呼吸終未恢復，須賴電擊以中止不正常心律，脈搏、血壓也已不能測出。

　　至十一時三十分許，蔣公雙目瞳孔已經放大，急救工作仍繼續實行，曾數次注入心臟刺激劑，最後乃就用電極直接刺入心

肌，刺激心臟，但回天乏術。

蔣介石彌留之際，宋美齡與長子蔣經國、次子蔣緯國、孫子蔣孝武、蔣孝勇一直隨侍在側。

蔣介石病逝時，臺灣當局黨政軍要員在接到蔣病危通知後，於當夜趕到士林官邸，在此舉行了在蔣介石遺囑上簽字的儀式。首先是由蔣夫人宋美齡簽，繼之由「副總統」嚴家淦簽。當「行政院長」、蔣的長子蔣經國在其父遺囑上簽字時，「雙手發抖，已不成書」。其後，「立法院長」倪文亞、「司法院長」田炯錦、「考試院長」楊亮功、「監察院長」余俊賢諸人都顫抖著提起筆在遺囑上簽了字。

當晚，蔣經國以長子身份同宋美齡商量治喪有關事宜。經商定：暫厝蔣介石靈柩於臺北市南六十公里處的慈湖湖畔。二十世紀六十年代初，蔣介石途經此地，看中了這塊風水寶地，在這裏修建了一座中國四合院式的「行宮」，起名「慈湖」。蔣生前常來此小住，並囑咐在他死後靈柩暫厝此地。

蔣介石病逝時，嚴家淦依「憲法」在蔣介石病逝七個多小時後便以繼任「總統」的身份下達的第一道命令就是特派倪文亞、張群、何應欽、陳立夫等二十一名人員組成治喪委員會。

四月六日凌晨二時，蔣介石遺體由士林官邸移至「榮民總院」。翌日，允許民眾瞻仰蔣介石遺容。蔣介石靈堂四周插了八十八根蠟燭，正中供奉著蔣介石的巨幅遺像及遺囑。靈前有五個用素菊綴成的十字架，正中五個為宋美齡所獻，上款書「介兄夫君」，下款書「美齡敬挽」。

四月九日，蔣介石靈柩移至國父紀念館。移靈前，蔣經國親

自為其父穿喪服,按照鄉例,給其父穿上七條褲子、七件內衣,胸佩大紅采玉勳章,左右兩旁佩戴國光勳章、青天白日勳章,另有不少蔣介石晚年常用之物。一切料理就緒之後,才由「榮民總院」移靈至國父紀念館。

移靈時,由於蔣經國在蔣介石遺體前一次又一次地「長跪致哀」,於是,他手下的一批人也就上行下效,「省政府主席」謝東閔也率各縣市長跪在蔣介石靈前泣禱。

從四月九日起,嚴家淦和全體治喪大員輪流在國父紀念館為蔣介石守靈。四月十六日是蔣介石的大殮日,八時五分儀式開始。八時八分四十五秒,蔣介石靈柩的棺蓋放在七尺銅棺之上,靈車前面用二十萬朵深黃色的菊花裝飾,兩邊各有幾條白紼,車前掛青天白日「國徽」及鮮花十字架。靈車隊共由九十九輛車組成,由憲兵隊開道車引領,包括「國旗」車、黨旗車、統帥旗車、奉行蔣介石遺囑令車、捧勳車、遺像車等。車隊後面是宋美齡挽大型黃菊十字架,家屬隨其後。車隊載著兩千多名執紼人員緩緩駛向慈湖。

下午一時十分,安靈禮在慈湖賓館完成。蔣介石的靈柩停放在正廳中央的靈堂上。靈堂以黑色花崗石建造,長三點二米,寬一點八米,高一點四三米。靈堂上鑲青天白日徽。正廳東側是蔣介石原臥室,房內一切佈置保持原狀。靠窗子的地方有一張深咖啡色的書桌,桌上有一部蔣介石生前使用的電話,大理石筆筒和一個白色的碗,書桌南側有一台黑白電視機,還有蔣介石的鴨舌帽與眼鏡,並排放在電視機上。北面靠牆地方有一個書架,放著蔣介石生前讀過的各種書籍,牆上掛著一幅宋美齡的畫。在臥

室的茶几上，放著一張蔣介石生前用紅鉛筆寫的一張便條，上書
「能屈能伸」四字。

　　至此，蔣介石的喪禮才算完結。此次蔣介石喪事排場之大，
實為古今中外所少有。

　　蔣經國於其父病逝第二天便以從政主管官員身份向國民黨中
央提出辭呈：

　　「經國不孝，侍奉無狀，遂致總裁心疾猝發，遽爾崩逝，五
內摧裂，已不復能治理政事，伏懇中央委員會矜此孤臣孽子之微
忠，准予解除行政院一切職務，是所至禱」。

　　國民黨中常會對蔣經國的辭呈決議如下：

　　「行政院院長蔣經國同志，以總裁崩殂，懇辭行政院院長職
務一節，中央常會鹹以國家內遭大變，外毀橫逆……革命之事功
未竟……至望蔣經國同志深維墨絰之義，勉承艱大，共竭其效死
勿去之忠盡，即所以篤其錫類不匱之孝恩」。

　　蔣經國對國民黨中常會「效死勿去」之議，發表談話稱：
「敢不銜哀受命，墨絰從事，期毋負於全黨同志與全國軍民之
督望」。

　　在蔣介石病逝後，蔣經國一方面「悲哀跪哭，昏迷不醒」；
一方面抱病夜宿靈堂。

　　報刊稱「由於蔣院長的克盡孝道，我們更感到國家信託得
人，他所領導的政府，必然是一個大有為的政府」。

　　蔣經國對參加蔣介石喪禮的人員表示答謝說：「先君崩逝，
野祭巷哭，敬禮致哀，悲慟之深刻，與虔誠之厚意，令人萬分感
動。經國遽遭大變，哀慟逾恒，無法踵謝，惟有奉行遺命，鞠躬

盡瘁，以報答我國同胞之至誠與厚望」。

喪事已畢，國民黨中央於一九七五年四月二十八日舉行會議，商討黨權歸屬問題。會議作出三項規定：

（1）接受蔣介石遺囑，並即具體規劃，堅決執行；

（2）保留黨章「總裁」一章，以表示對蔣介石「哀敬」與「永恆之紀念」；

（3）中央委員會設主席一人，推選蔣經國擔任。

當討論第三項決定時，新任「總統」嚴家淦和劉季洪等人提議設立中央委員會主席職，擁戴蔣經國出任黨魁。國民黨元老遂表示意見稱：

「國家與本黨不幸，總裁逝世，中樞與本黨中央頓失領導，在當前國際形勢瞬息萬變，亞洲赤禍彌漫的時期，必須有迅速妥善的決定，以鞏固國家與黨的領導中心。現在總統職位已經由嚴總統依法繼任，本黨最高的領導人，也自應依照事實的需要，迅速推定，以鞏固本黨的領導中心，此一領導人的職稱，本席贊同嚴常務委員等，以及中央委員劉季洪等的意見，應該定為本黨中央委員會主席，總裁職稱保留於黨章之內，作為對總裁的永久崇敬與紀念。」

「關於本黨領導人的人選問題……必須本黨有全黨傾服，內外歸心的強有力的領導者。」「本席擁護……推舉蔣經國同志擔任黨中央委員會主席。」「因為蔣同志具備了堅忍強毅的領導能力，和充沛的革命精神，尤其是他這兩年擔任行政院長卓越的政績，獲得海內外全國同胞，以及國際友人的一致支持和贊佩，由蔣經國同志領導本黨，必能使黨的力量堅實強大，反共復國的使

命得以早日完成。」

何應欽的說法與嚴家淦、劉季洪的提案相符,故為會議所接受。會議作出決定:

「今總裁不幸逝世,全黨中央之領導,亟需力謀強固,以肆應瞬息萬變之國際局勢與本黨中央之往例,決議中央委員會設主席一人,並為常務委員會之主席,綜攬全般黨務,以適應現階段革命形勢之要求,實屬迫切需要。」

會議對蔣經國出任國民黨中央主席的決議是:

「蔣經國同志有恢宏之革命志節,卓越之領導才能,自就任行政院長以來,肆應國際危機,則處變不驚;推進國家建設,則規模宏大;其堅決反共之決心,為常會所全力支持;其親民愛民之作風,更為民眾所擁戴。」「中央委員會主席即為常務委員會主席,蔣經國同志實為最適當之人選,亦為全黨同志一致之公意,決議:一致通過。」

一九七六年十一月國民黨十一大召開時,蔣經國又被正式推舉為國民黨中央主席。至此,國民黨最高領導人職稱三易其名,由「總理」、「總裁」制演變為「主席」制,由個人集權體制開始過渡到委員制,為日後臺灣民主生活奠定了基礎。蔣經國當選國民黨中央主席是意料中事,除了其父的精心栽培之外,也有蔣經國本人的努力。

「七五」日記今又現

一月一日

元旦向父親拜年，父親在睡眠中，病情頗重，兒心殊苦。新年開始，瞻望前程，艱難重重，余必須冷靜堅毅以赴之。

一年過去，新年又來，在這一個大變化的時代，余歷經多少事故，多少痛苦；其中還有錯誤和失言之處，都無法消失於餘之回憶中。悔恨無益，來者可追。至於今後對各方面之挑戰，我總以樂觀之態度接受之。在艱危的時日，必須把自己的心建築為堅強的堡壘。

去年行政中以經濟問題為最難處理，蓋其變化之因素非吾人所能掌握者也。

吾人一心一意為國，而敵人則以毀我禍國為快。余之生死從未計較，但國家則決不能失敗。

外交方面今年必將發生很大的衝擊，美國可能對×黨屈服，我們必須面對此一殘酷之現實，求國家之生存。在經濟上，務使民間豐衣足食。以最大之努力，穩定物價。

一月二日

早晨從東閔兄家出發，乘車赴竹北之新埔，此為一小鎮，依

山環水，經小橋，水清見底，頗似餘之故鄉。經新埔菜市場時，見物豐民裕，民眾快快樂樂，一團和氣，慰甚。

至農友李姓家，知其子女皆受高等教育。至範姓家，彼有子女十人，其中六子皆為博士。時農忙已過，皆在冬休中。又訪一農家，雖房屋稍差，但室內有沙發椅，其侄在工廠做工，工餘苦讀修身養性之書，令人感動。又一平民住宅，有兩樓之新屋，內裝有冷氣機，並有機車兩部，屋主為從事建築業者。途中遇一駕「鐵牛」車者，其妻兒皆在車上，余與之久談，得悉當地民情更深；其子八歲，面目清秀可愛。鄉間興建新屋者甚多。

中午抵新竹榮民之家，榮民們見餘至，至感親切。彼等皆遠離家鄉，今日皆能安貧樂道，難得。有一榮民告餘曰：「院長！幾年不見，你頭髮白了！」聞之不勝感慨系之。要知其中是多少辛酸，多少愁也！

此榮家築於山坡上，風甚大，不宜老年人之修養，擬另設法改進之。

過頭份，在路旁食攤上，吃了兩個粽子和一碗魚丸湯，價廉味美。一路上之見聞，多有人情味。

一月四日

我駐檀香山總領事，被美國員警侮辱，此乃我國家和個人之恥辱，憤極！

一月十八日

上午飛台中，探訪老友司機陳聰明之病，並訪問附近攤子販及民眾生活，人人皆有笑容，頗稱安樂。

一月二十六日

視察恒春、滿洲二鄉公所，早餐後，至恒春市場訪問民眾，見物產豐富，出我意料之外。再至滿洲港口村下車，沿海步行，有岩石插聳海濱，海山相映，美不勝收。此地名佳洛水，雖步行五小時之崎嶇石路，竟將疲倦完全忘卻。

在恒春市場，受民眾之親切歡迎。有一賣雞蛋之婦女，遞給我一枚蛋，說：「送給院長。」又有一購物之陸戰隊戰士，要我在他一本《論語》上簽名，還有一位啞青年，緊隨我身，先以手指天，再以大拇指指我，如此如了多次，且面帶笑容。

在海灘上還有一漁民，一定要把他捕到的龍蝦送我，並拒不收錢。走不遠復返，誰知他又以捕到較大之蝦相送。此種深厚人情，令人深為感動。

到滿洲鄉巡視，見穀倉已滿。又與民眾談話，並同在一面店吃土菜，價廉物美，一團和氣。

三月十五日

今日為我夫妻結婚四十周年紀念日。回憶四十年前彼此相識，共同工作於工廠，由彼此相愛，在極為困苦的生活情況之下結為夫妻，居一小間內只能容一床一桌，每為臭蟲所擾，夜夜不得安上眠。一月難得配給肥皂一塊，一周難得有一小塊牛肉吃，我夫妻皆自食其力。雖苦難而值得回憶。

四月二十九日

午飯後，接奉母親手諭一封：「經國：今天又屆你的生辰，往年我都為你設席與家人共聚，一享天倫之樂，此次自父親撒手離我你之後，我們再也無此興致作任何怡宴之舉。今晨我特別起來得早為您禱告，祈求上帝給你智慧健康和毅力，並特別賜福予你，這是我今年以此為壽。母字。」捧讀再三，感動無已，涕泣甚久。

下午感覺身心疲倦，稍作休息。傍晚文兒夫婦領友梅孫女來慈湖向祖父靈跪拜行禮，並陪餘共進晚餐，渠等走後甚感寂寞，此為有生以來第一年失去父親過生日，回首往事，悲痛無已。

五月一日

外孫祖聲是一天真、誠實而又聰明的孩子，在余居喪期間，接獲其所寫初中畢業作文，題為《我的外祖父》，讀後很感安

慰，文中說：「這位在我腦海中留有許多印象的人就是我的外祖父。我的外公總是遵循一條哲理，那就是往者已矣，把握現在，來者可追，他認為文明是在進步的，更重要的是他尊重列祖列宗所創造的歷史。我的外公有一個習慣，他每天把他的活動與思維保持記錄。微胖的身材配上中等個子，他的體重整整有一百四十磅，黑色的頭髮夾雜著花白，他的頭髮老是由前額向後梳，紅潤的面頰加上飽滿的鼻子，更襯出外公的性格，他的姿勢儀態與舉手投足常隨著他的心情而有不同的變化，他不只是我的外公，亦是我的好朋友，說真的，他真是我的一位十分親密的良伴。」此十四歲孩子，從其作文中，可知其何等有條理和熱情。

六月十五日

中午乘快艇自新安平返台南時，見運河兩岸許多市民坐竹筏上垂釣，在如此亂世，我們的國民，能有如此悠閒之生活，真是難得。這些垂釣者見我都鼓掌致意，我亦起立一一還禮。其中有一釣者見我，方欲起立，但彼過於緊張，不慎落水，總算很快就爬上了竹筏，余始放心，但是釣具恐有損失，令人頗懷歉意，惜不知其姓字耳。

六月十九日

吾人今日處此逆境，最好不要問別人將如何待我，不如問自己對於國家能做什麼貢獻。求人不如求己。月之十日接見一甫

返任之大使，談了半天還是過去的老調，雖然有外交關係等於沒有，所謂外交乃是一種趨勢和利害而已。不可不重視，亦不必過於重視，但一般人可能不如此想，實為依賴外人之心過重。

七月十一日

慈湖的夏天很像溪口的夏天，小住慈湖，頭腦冷靜，方能有濟。

七月十二日

余夫婦從慈湖返臺北途中，過山谷見有白鷺一對比翼而飛，象徵我帶孝之夫妻。

七月十六日

過去的一言一行，今日看了都覺得幼稚可笑，但是在當時則覺得很得體，所以對今日所做之一切，決不可以為都是對的，批評我的人太少，是我最擔心的事。我從來不重視官職與地位為何物，但是別人總以特殊地位相看，父親逝世之後，再無人教訓我了，所以我應虛心向他人去訪問、徵詢、請教，來充實我的知能。

七月二十六日

　　許多人認為我不宜時常離開臺北，到各地訪問民眾，他們認為辛勞可能影響健康，可能有越級指揮、破壞分層負責制度的情形。他們認為行政院長應坐在辦公室研究問題，發號施令。但余對此，亦自有另一種想法，以我來說，鄉村、深山、海濱是我最高興去的地方，和民眾在一起，談話歡聚，乃是我所要追求的樂趣，不但對身心無妨礙而且有益，同時足夠的時間去做，則未敢稍有怠忽。至於訪問地方的時候，雖常有地方官員陪同，但從不作任何行政事務的決定。

八月十六日

　　公畢，至台中巡視，車行至日月潭時，大雨如注，冒雨視察青年活動中心，設計和建築都好，但無意中發現負責人待別人之傲慢而待我則恭敬備至，此兩面態度至為厭惡，本想到慈恩塔向祖母遺像行禮，因而作罷。

九月十三日

　　宿於慈湖，黃昏薄暮之時，獨坐東廊，一面看青山，一面進晚餐，一碗蛋炒飯，一盆清湯，一片西瓜，簡單有味，余每以為生活上的奢侈，乃是浪費，多一分浪費，就多一份痛苦，生活上

的簡樸，乃是精神上的快樂也。

夜坐，烏雲蔽月，月非不明，不過隱於烏雲之中耳，看破了政治上的烏雲，可以省卻很多煩惱，我已無所憂慮矣。

九月十九日

巡視苗栗縣，經卓蘭鎮，此為偏僻之鄉，清靜樸實。轉至果菜市場，此間正在進行交易，農商數百人，余被包圍於人群中，至感親切，余踏上水果之磅秤量了一下，司秤者說：「院長六十八公斤重。」群眾哈哈大笑。此地人熱情而善良，使我感動，竟將一切苦痛和煩惱，都忘的一乾二淨，雖然只有片刻，亦是難得。

十月一日

上周參觀電器展覽會，發現新商品不少，我國國民實至為聰明勤儉，只要肯努力，大有可為也。

十月十三日

強烈颱風過境，幸未造成重大災害，此為最感歡慰之事，餘衷心為民禱福為民喜也。

十月十七日

乘火車經過端芳附近，看見許多煤礦工人正在休息，都是疲勞不堪，此實人間最苦痛之工作，我心苦之。

十月二十五日

到市議會參觀慶祝光復節的各種展覽會，會場中人，以來自鄉間者為多，大家都喜氣洋洋，余與觀眾同看臺灣地方戲，頗感興趣，與民眾同樂，乃真樂也。戲後並與演員交談技藝。

十月二十六日

余生平愛好山水，羨慕平民的簡單生活，以其能自食其力，自得其樂也。而一般人名利得失之心，不能自己。記得在電視節目裏有《少林寺》一劇，有所謂高僧者，尚彼此你爭我奪，勾心鬥角，不惜出賣自己，此等所謂看破紅塵，已經得道的和尚，還都如此，則普通儔夫俗子，更可想而知。

我以為，如欲對國家和人民，有所貢獻，一定要能淡視名利，不計生死，故我在有生之日，定要好自為之。

十一月十五日

細雨中赴臺灣大學對學生講話，並賀其三十周年校慶，青年是純潔的，要看如何去待他們和教育他們，余視青年如一家人，過去、今天和將來，莫不如此。蓋余之從政乃純出於一片誠心善意，毫無私念，此則可以自慰者也。

十二月六日

當政者應多設法聽取別人對自己的批評和諍言，而不要聽別人的鼓掌、歡呼和誇讚，要知誇讚聽多了，可以使人「不省人事」，失去知覺，而終致償事。

十二月十日

余以為任何政治，如不以良心、善意和知識為基礎，則為偽善之政客，甚至假借民主做卑鄙的勾當，如此等到人一旦有權在手，則將危害人民和社會，無惡不作矣。

「七五日記」除表示蔣經國先生親民、愛民、為民外，特別是「十二月十日」的日記中的話給世人以震撼！

「政治革新」第一樁

　　一九八四年十月十六日在美國三藩市發生了江南被刺案，面對由「江南命案」引發的強烈的政治動盪和政治危機，蔣經國不得不重新考慮「交接班」問題，不得不改變「傳子」之初衷。一九八五年八月六日，蔣經國打破了幾年來的沉默，第一次就接班人問題表態。

　　他在接受美國《時代》雜誌社香港分社社長波頓的採訪時指出：「至於將來國家元首一職，由蔣家人士繼任一節，本人從未有此考慮。」

　　這番表態暗示出兩層意思：正式否認有「傳子」的意圖；同時，因為使用的是「蔣家人士」一詞，也就順帶否認了某些人關於「兄終弟及」即蔣緯國「接班」的猜測。

　　同年十二月二十五日，蔣經國在主持「國民大會」紀念「行憲」三十八周年慶祝大會上，撇開事先準備好的講稿，即席作了兩點重要說明：（一）「經國的家人中，有沒有人會競選下一任『總統』？我的答復是：不能也不會。」（二）「我們有沒有可能實施軍政府的方式來統治國家？我的答復是：不能也不會。執政黨所走的是民主、自由、平等的康莊大道，絕不會變更憲法。同時，也絕不可能有任何違背憲法的統治方式產生。」

　　蔣經國這篇講話，可以說是徹底排除了蔣家人士接班的可能。因為按照臺灣現行體制，除非以軍人幹政並實行軍人統治。蔣孝武或者蔣緯國才有可能「突擊登頂」，以「非常手段」「接

班」上臺並「坐穩寶座」。但是，仍有些人對蔣經國的真實意圖有所懷疑。他們指出：蔣經國在八月和十二月的兩次表態，都只是談「總統」職位問題，但「接班卻不一定非當「總統」不可。當年蔣經國接班，也是由嚴家淦當「總統」的，但世人皆知實權是掌握在蔣經國手中，蔣孝武難道不能效法其父嗎？另有些人認准蔣孝武「奇貨可居」，他們吹喇叭、抬轎子，企圖建立一個以蔣孝武為中心的政治體系，以便自己以「從龍之士」的地位飛黃騰達。

蔣經國為了進一步澄清人們的疑慮，並防止蔣孝武被人利用，乃於一九八六年二月，突然任命蔣孝武為駐新加坡商務副代表。蔣孝武於二月十八日赴新加坡就任，行前辭去在臺灣擔任的一切官方職務，至此，「傳子」的風波徹底止息。

蔣經國曾經以「計利當計天下利，求名應求萬世名」自勉。在已知自己來日無多的情形下。蔣經國決心不惜「個人的生死毀譽」，在有生之年進行「政治革新」，以削除國民黨敗居臺灣以來長達30餘年的各種政治積弊，以謀求身後政局的穩定，「長治久安」，並「向歷史交待」。

一九八四年、一九八五年可以說是「蔣家王朝」覆亡前最混亂、最黑暗的年頭。除了「江南命案」對臺灣政壇產生巨大的負面影響外，接踵而至的「十信弊案」更是對國民黨在臺灣的統治造成極大的衝擊波。這個臺灣有史以來最大的金融舞弊案，肇端於「官商勾結」，肇端於「上面因循敷衍，下面勾串舞弊」。國民黨中央秘書長蔣彥士，以及「行政院經濟部長」徐立德、「財政部長」陸潤康等要員均因涉嫌而黯然下臺。「悲觀暗淡的

一九八四年」、「蕭瑟的一九八五年之夏」等判詞，成為觀察家們評論時政的標題。邱垂亮形容道：「這一段日子，臺灣上上下下真的彌漫了一片濃密的愁雲慘霧，陰沉肅殺的鬱氣充塞了人們的心胸，雖然還不是世界末日前的凝重和沉悶，但是已有很多人感覺到『王朝覆滅』的不祥預兆和不安氣氛。」

在波譎雲詭的政治大動盪中，業已風燭殘年的蔣經國利用他生命的最後一段時光，開始大刀闊斧地進行改革，謹慎而又堅定不移地推動「革新之輪」運轉，為蔣家王朝塗抹上了最後一片亮色。

一九八六年三月二十九日至三十一日，國民黨在臺北舉行十二屆二中全會。會議根據蔣經國的意圖，通過了《承先啟後，開拓國家光明前途》案。該案提出「以黨的革新帶動全面的革新」，並「要以今年為黨務再革新的出發點」。至於「亟待革新和解決的問題」，該案則列舉了「社會治安的再加強、政治風氣的再整飭、非常時期措施的再調適、民主憲政的再策進、地方自治的再充實、經濟發展的再推進、精神生活品質的再提升、反制中共統戰的再強化、國際關係的再開展」等九條。

為了推動政治革新的開展，蔣經國首先從組織上進行精心安排和調整，他提拔李煥、吳伯雄、施啟揚、陳履安四人進入國民黨中常會，使決策機構年輕化。蔣經國還從三十一名中常委中選出十二人（嚴家淦、謝東閔、李登輝、穀正綱、黃少谷、俞國華、倪文亞、袁守謙、沈昌煥、李煥、吳伯雄、邱創煥）組成「革新小組」，以嚴家淦（後為李登輝）為召集人，專門研究「政治革新」問題。在蔣經國督責下，「革新小組」對臺灣國民黨政治中

四項最敏感的問題：結束戒嚴問題、解除黨禁問題、充實「中央民意機構」問題、地方自治法治化問題進行研討，最後確定了當前六大政治議題：（一）「中央民意代表機構」問題；（一）地方自治問題；（三）「國家」安全法令問題；（四）民間社會組織制度問題：（五）強化社會治安問題；（六）加強黨務工作問題。

這六大問題，過去一向是國民黨避之惟恐不及，而且忌諱別人探討的言論禁區，而今由國民黨主動提出來推動解決，充分顯示出蔣經國欲借「政治革新」清除積弊以謀「長治久安」的決心和魄力。

更為重要的是，由十二名國民黨中常委所組成的「革新小組」，以研究六大政治議題為契機，成為制度化的決策系統。

事實上，蔣經國已開始從未來臺灣政局多元發展的趨勢著眼，籌畫集體接班事宜，並精心佈置了防範在他身後出現「軍政府」的措施。

首先，他打出蔣緯國這張牌，讓這位閒置多年的「弟弟」在政權交接的關鍵時刻出任「國安會議」秘書長，擔負起「護國大將軍」的重任。蔣緯國有「民主將軍」之名，與軍隊中的主流派——「黃埔系」無緣，又已多年來未親自帶兵，他本人「不能也不會」出頭搞「軍政府」統治，這是人所共認的。但是，以蔣緯國的身世背景再加上他在軍中的潛勢力——很多高級將領曾是他的部下或學生，讓他來發揮一種震懾和制衡作用，使「敢冒天下之大不韙」者有所顧忌，則是蔣緯國不難做到的。「國安會議」被稱為「太上內閣」，根據臺灣國民黨現行體制，它可以成為最高決策機構。但該機構成立後，蔣介石、蔣經國父子對其一直是

「備而不用」，重要決定仍通過黨的中常會或「行政院」院會做出，而蔣緯國之出任「國安會議」秘書長，也可說是一種「備而不用」的安排。平常時期，蔣緯國既非國民黨中常委，又不是「政務委員」不能參加重大決策，所以他的新職並不意味蔣經國要搞「家天下」，但若突然發生重大變動，蔣緯國便可以「國安會議」秘書長的身份名正言順地發揮他的作用。

與此同時，蔣經國任命文人汪道淵接替軍方人士宋長志出任「國防部長」，力圖將軍方納入制度化的軌道，並以「文人節制軍人」來防範在他身後出現「軍政府」的可能。

其次，蔣經國打出李煥這「最後一張王牌」，讓他接任國民黨中央秘書長的要職，以確保「政治革新」的「強力推進」。李煥是蔣經國的心腹愛將，在國民黨內素以開明派著稱，力主「本土化」、「年輕化」、「民主化」政策，曾負責為蔣經國選拔「青年才俊」，培養幹部，一度身兼「國民黨中央組織工作會」主任、「中國青年反共救國團」主任、「革命實踐研究院」主任三大要職。一九七七年因「中壢事件」而受到國民黨內保守派的攻訐，蔣經國被迫「揮淚斬馬謖」，讓李煥去職。此次蔣經國重新啟用李煥，就是要借重於李煥的資歷、威望、才識克服國民黨內保守派的阻力，「強力推進」「政治革新」，並把他作為集體接班的主要班底人物。

至此，一個以蔣經國欽定的「法統」繼承人李登輝為首腦，蔣緯國、李煥為主要輔弼的集體接班的政治格局已基本形成。為了卻身後事，蔣經國決意向「政治禁區」突進。

一九八六年十月十日，蔣經國在臺灣社會各界慶祝「雙十

節」大會上致詞，講到末尾時，突然激動起來，提高聲調說：「我們要不屈不撓，奮勇前進，我們有這個信心，也有這個決心，一定可以獲致我們最後的成功，這樣我們才能對歷史、對國家、對十億同胞、對全體華僑都有個交待，我們確信必定會有一個交待。」

五天之後即十月十五日，蔣經國做出了他的「交待」。當天國民黨中央常委會開會，在蔣經國主持下，一致通過十二人「革新小組」提出的兩項革新議案，原則決定解除臺灣地區「戒嚴令」，另在「憲政」體制下，制定「動員戡亂時期國家安全法」，以保障臺灣的安全及社會安定。同時，將取消黨禁，修正《非常時期人民團體組織法》和《選舉罷免法》，以規範政治團體和各類民眾團體的活動，並使取得合法地位的政治團體候選人，得在不同政治立場上，以平等地位從事公平的政治競賽。蔣經國在兩項革新議案通過後，發表即席講話，他說：「時代在變、環境在變、潮流也在變，因應這些變遷，執政黨必須以新的觀念、新的做法，在民主憲政體制的基礎上，推動革新措施，惟有如此，才能與時代潮流相結合，才能與民眾永遠在一起。」

十月二十五日，去美國十多年的宋美齡返回臺灣。官方公佈的消息說宋美齡回台主要是為參加蔣介石百年誕辰紀念活動，民間報刊的分析則認為宋美齡回台有兩大目的：（一）蔣經國的身體已到了隨時會「發生不測」的地步，作為蔣氏家族的大家長，宋美齡必須回台以備應付變局；（二）對蔣經國在其生命最後旅程中所進行的「返憲革新」，受到歐風美雨薰陶的宋美齡樂觀其成，並深知這是為蔣氏家族增光添彩的最後機會，她願助「經

兒」一臂之力，回台勸說黨內元老支持革新。

　　在一切準備工作就緒之後，蔣經國開足馬力，在一九八六年至一九八七年連闖三關：「解除戒嚴」、開放黨禁以及開放大陸探親。這三大舉措是國民黨在臺灣四十年統治史上最具歷史意義的政治變革，是向民主和統一方面邁出的實質性步伐，在臺灣島內外引起極大的震動，獲得普遍的讚譽。這是蔣經國「向歷史做出的交待」，而蔣經國的歷史也將由此轉折而譜寫新篇。

天不假年撒手去

惜乎天不假年，蔣經國未及將這最後一章寫完就於一九八八年一月十三日撒手人寰。

蔣經國的突逝，不僅為島內居民所關注，而且也在島外引起較強烈反響，許多國家領導人發來唁電。

中國共產黨中央委員會的唁電。

> 臺北：國民黨中央委員會，驚悉中國國民黨主席蔣經國先生不幸逝世，深表哀悼，並向蔣經國先生的家屬表示誠摯的慰問。
>
> 中國共產黨中央委員會　一九八八年一月十四日

美國總統雷根在唁電中表示對蔣經國「備極欽敬」，推崇他的「睿智與高瞻遠矚的領導。」雷根還稱蔣經國「偉大的節操以及他為國為民的奉獻，洵屬真正偉大及卓越領袖。」國務卿舒爾茨評論稱：「在蔣經國領導下的臺灣，在經濟發展與邁向更為開放多元之政治體系上，已獲得卓越之進展。」日本前副首相金丸信也發表談話稱：「蔣經國長年致力臺灣的發展，成就非凡，他的去世令人惋惜。」新加坡總理李光耀與蔣經國多次交往，關係頗深，當他得知蔣經國病逝消息後說：「經國先生的去世是一大損失。」日本首相竹下登稱：臺灣在「勤政愛民的領袖領導下，建立下雄厚的經濟成就」。菲律賓總統柯拉松說：蔣經國的去

世，「亦為一向將臺北視為農業典範——尤其是土地改革的亞洲地區許多領袖所同聲哀悼。」

李登輝繼任「總統」後，首先頒佈治喪令，特派嚴家淦、俞國華、倪文亞、林洋港、孔德成、黃尊秋、張群、陳立夫、謝東閔、黃少谷、谷鋼、薛岳、沈昌煥、李煥、李璜、王世憲、吳三連、吳伯雄、鄭為元、丁懋時、郝柏村等二十一人為治喪大員。

隨後，「行政院」召開緊急會議決議，宣佈「國喪」三十天，並依照《戡亂時期臨時條款》規定，請「總統」發佈緊急處分事項，「國喪」期間，一律禁止聚眾集會、遊行及請願等活動。「行政院」另擬定了志哀辦法，規定：

（1）公教人員自一月十四日起至二月十二日應綴佩章。

（2）各部隊、機關、學校、軍艦及駐外「使館」等應自一
　　　月十四日起至二月十二日止下半旗致哀。

（3）各娛樂場所，自一月十四日至一月十六日應停止娛樂
　　　三天。

十三日，蔣經國遺體由大直官邸移到「榮總」醫院，「榮總」懷遠堂設靈堂。次日，臺灣黨、政、軍官員分別到「榮總」懷遠堂悼唁蔣經國。國民黨中央委員會發表《告大陸同胞書》，向大陸同胞通告蔣經國逝世，並宣稱：

「本黨遵照蔣主席經國先生遺囑，矢志團結一致，奮鬥到底，全心全力完成下列志業：

第一，中國國民黨矢志和我政府與民眾堅守反共復國決策，貫徹到底；

第二，中國國民黨矢志和我政府與民眾積極推行民主憲政建設，始終一貫；

第三，中國國民黨矢志完成以三民主義統一中國的大業，不達目的決不終止。

十六日，蔣經國治喪會舉行第一次治喪大員會議。會議由李登輝主持，治喪大員及蔣經國家屬蔣緯國、蔣孝武、蔣孝勇等參加。

會議決定：

（1）從元月二十二日起至二十九日由治喪大員每天下午七時至次日晨七時，分三批在「忠烈祠」守靈。

（2）為崇敬蔣經國對「榮民」的愛護，將臺北「榮民總醫院」擇日更名為「經國紀念醫院」，以永垂紀念。

（3）成立蔣經國哀思錄編纂小組。

一月二十日，治喪大員舉行第二次會議，會議決議，三十日為蔣大殮奉厝，各機關學校在停厝典禮前舉行追思禮拜，並決定民眾默哀一分鐘，警報器施效一分鐘等。

一月二十二日，蔣經國遺體由「榮總」懷遠堂移靈圓山「忠烈祠」。移靈儀式由李登輝主持，十六位治喪大員陪祭，蔣經國家屬分列靈堂兩側答禮。在靈堂前，有幾幅挽聯特別顯眼，最引人注目的是李登輝送的挽聯。

「厚澤豈能忘，四十年汗盡血枯，注斯土斯民始有今日；遺言猶在耳，億萬人水深火熱，誓一心一德早復中原。」

前「總統」嚴家淦送的挽聯是：

「蔣總統特達之知，與先生金石相契，奕世篤高情，語默都

關天下計；為華夏中興論命，樹民主憲政宏規，萬方瞻盛德，存亡淒絕濟時心。」

張群送的挽聯是：

「勤政親民偉業豐功維法統，獻身治瘁治行薄海仰高風」。

陳立夫送的挽聯是：

「於私為弟兄，於公為同志，一木大廈獨撐，繼志承烈，死而後已；在國為柱石，在黨為幹城，千秋功業初奠，含辛茹苦，民不能忘。」

蔣緯國與妻子兒媳送的挽聯是：

「趨庭賴提撕愧我不肖竭一身困知未學亦恩匡扶艱危海域生息大義風從光華夏；當國美繼述惟兄嗣德互兩代深仁厚澤可奈憂勞瘁山陵崩壞萬里雨泣黯蓬瀛。」

在開放民眾瞻仰遺容的六天裏，民眾手持鮮花、臂佩黑紗、飽含熱淚自發前來謁靈的每天超過二十萬人，很多人哭倒在地……

永遠活在民心上

　　二〇一一年一月十三日是蔣經國逝世二十三周年的日子，以「中華電視公司」開播蔣經國紀錄片為標誌，一時之間，臺灣又掀起追憶蔣經國的風潮。島內認為，臺灣民眾之所以如此懷念蔣經國，甚至連民進黨也不敢對蔣經國出惡聲，主要是蔣經國生前親民愛民，在經濟建設、民主政治、廉政建設、兩岸關係等方面做出貢獻，為臺灣的發展奠定基礎。

　　據臺灣《聯合報》、東森新聞報導，從十日起，「華視」連播四集《蔣經國紀事》電視專輯，從他留俄十二年到最後一次坐輪椅現身致詞，回顧蔣經國的一生。在島內媒體的報導中，除回憶蔣經國與孩子們的親情互動，最多著墨的是他的親民愛民以及和藹的作風。臺灣《聯合報》的報導說，蔣經國生前民間友人遍佈全台，其中有十一位友人，即使蔣經國已辭世二十三年，仍固定在每年一月十三日蔣經國忌日當天齊聚桃園的黃文彥家中，一起去頭寮謁靈。提到蔣經國，黃文彥老淚縱橫地說：「懷念，還是懷念！」桃園縣大溪黃日香豆幹第三代傳人黃文彥說，蔣經國第一次到他家，順手抓一把豆渣吃，他覺得這個「總統」好像平常人，很容易親近。那時家裏在修房子，他每天固定煮豆漿給工人喝，蔣經國問了一下施工進度，承諾來年元旦再來看，也要再喝黃家的香醇豆漿。「我沒想到元旦那天他真的來」，偏偏那天，黃文彥沒煮豆漿。此後，黃文彥固定每天留一壺豆漿，讓隨時都可能造訪的蔣經國保證有美味的豆漿可以解渴。就這樣留了

十三年，直到蔣經國過世。對這些民間友人，蔣經國幾乎年年造訪，光是台中「美方芋仔冰」，他就去過十二次。蔣經國過世，店主林寅夫婦歇業四十天，店裏擺靈堂，遙祭蔣經國，附近員警每天也都來上香致意。

談起蔣經國的和藹作風，馬英九曾回憶說，他當「總統」英文秘書首次上場翻譯，體重近九十公斤，一坐下就撞到桌子，桌上杯裏的茶水飛濺。蔣經國看了一眼，並未責備，轉過身跟辦公室主任交代幾句：「我那時候心裏想，經國先生應該說，這個秘書蠻胖的，」沒想到蔣經國是要人過來把桌子拉開點。馬英九說，蔣經國沒責怪他莽撞，也沒叫他減肥。臺灣「退輔會」前主委許歷農說，開鑿東西橫貫公路時，經國先生陪著榮民把都是灰的水喝下去，旁人看了著急，他問：「你們可以喝，為什麼我不能？」

這些年，島內經常追憶蔣經國的生平事蹟，二〇〇九年蔣經國百歲冥誕，臺灣從官方到民間舉行了一系列活動，高調回顧蔣經國一生。島內之所以如此頻繁、高調紀念蔣經國，原因很大程度上就如馬英九所言，純粹是基於個人感情，因為他對臺灣，確實有極大貢獻。島內有個有趣的現象，民進黨人對蔣介石動輒口誅筆伐，決不留情，但對蔣經國則明顯不同。他們不是不想反對，只是不敢反對，因為蔣經國為臺灣民眾做了很多好事，擁護和讚揚他的人太多了。

美國《僑報》的文章稱，蔣經國對臺灣主要有五大貢獻：一、重用經濟技術專業人才，全力推動島內經濟建設如「十大建設」等，使臺灣經濟一躍成為亞洲四小龍之首。二、倡導廉潔奉

公，勤政愛民，反對貪污。蔣經國本人十分關心民眾生活，勤走基層，據說平均每年下鄉超過兩百次。

一九七八年，蔣經國就任「總統」，他馬上下令裁撤「總統府」內務科，要知道內務科是職掌官邸大小事務的部門，充滿特權神秘色彩，這事在府內部引起極大震撼。三、打破省籍界限，大量啟用本省籍官員，如林洋港、謝東閔、邱創煥、李登輝等。四、對內推行民主改革，解除戒嚴，為臺灣民主政治推進鋪平道路。五、開放民眾赴大陸探親，打破兩岸四十多年隔閡，促進了兩岸關係改善。臺灣資深報人沈誠先生在其回憶文章中談到，從一九八一年到一九八七年，他曾主動奔走於兩岸之間多達七次，據說蔣經國最後已經同意派代表到大陸進行和平談判，兩岸和平統一本已露出一線曙光，熟料蔣經國於一九八八年一月十三日猝逝而功虧一簣。

尾聲：評價

經國應冠偉人榜

　　大陸學者蔡慎坤對蔣經國先生作深入研究後認為：

　　一九八七年十二月二十五日，蔣經國坐輪椅參加行憲紀念日大會，此時他已不能說話，「總統致辭」由「國大」秘書長何宜武宣讀。會場秩序一片混亂，台下的民進黨籍代表頭纏布條，高舉橫幅大聲抗議、喧嘩。

　　面龐浮腫的蔣經國離場前，默默地凝望著主席臺下鼓噪的人群，表情落寞茫然。這是蔣經國留給世人的最後一個鏡頭。

　　十九天後，蔣經國病逝。當天，臺灣全島鮮花銷售一空，成千上萬的臺灣人自發街頭列隊向蔣經國致哀。

　　變革以巨大的慣性繼續向前。

　　一九九一年四月，臺灣「國民大會臨時會」召開，制訂「憲法增修條文」，廢止「動員戡亂時期臨時條款」。

　　一九九二年五月，「陰謀內亂罪」和「言論內亂罪」被廢止。

　　一九九四年，臺灣「省長」直選，讓臺灣人民每人一票選舉「省長」。

　　一九九六年，臺灣舉行有史以來的第一次「總統」民選。

　　臺灣的民主改革，是蔣經國生前偉大的政治舉措，在改革之

前，他不畏懼國民黨內的反對勢力，也不擔心放開黨禁報禁之後會導致天下大亂，乃至不擔心國民黨丟掉政權……若不是有偉人的心胸氣魄、誰敢冒此政治風險？

當國民黨內許多人向蔣經國提出質疑，國民黨大佬、「國策顧問」沈昌煥對蔣經國說：「這樣做，國民黨將來可能失去政權的！」

蔣經國卻淡淡地回答：「世上沒有永遠的執政黨！」他的聲音不大，語氣輕微，但這一句話，如同萬鈞雷霆，振聾發聵。

有的政治家，生前大權在握、唯我獨尊，死後卻身敗名裂、家人不保；有的政治家，生前彷彿是締造歷史的偉人，死後其頭上的光環卻日漸暗淡；有的政治家，在臺上之時風光無限，其實只不過是歷史上的匆匆過客；而有的政治家，生前推動了歷史的進程，死後其歷史作用日益彰顯，是當之無愧的歷史偉人。蔣經國，應該就是這樣一個偉大人物。

按說，蔣經國是靠父親才一步一步走上權力頂峰，並非中國人傳統觀念中的「創業之君」。在二十世紀蔣家還搞「世襲制」，蔣經國能做個「守成庸主」就不錯了，離「歷史偉人」相距甚遠。

而在蔣經國離世十幾年之後，他卻成了海峽兩岸為大多數人所公認的「歷史偉人」。馬英九在蔣經國逝世十五周年的時候寫過一篇追思文章，文中說，「十五年來，在『誰對臺灣貢獻最大？』的民調中，蔣經國始終高居第一。」臺灣《天下》雜誌的民調也顯示，蔣經國在去世十幾年後依然被民眾視為「最美的政治人物」之一。

蔣經國的一生，歷經風雨坎坷，在俄國12年，他做過苦工，從做粗工開始，做翻砂工，用鐵錘把鐵板錘平。蔣經國在俄國集體農場耕過田，蔣經國做過衛生管理員，專門負責掃廁所。史達林把他充軍到西伯利亞，在烏拉爾地方做礦工，工作強度大，但是卻吃不到足夠的麵包，如果工作沒有做好，還會挨皮鞭。蔣經國在俄國曾經身無分文，還討過飯。有一回，蔣經國發覺一家餐館後面的水溝裏，漂著一層油水，他餓得頭暈，想辦法把這水溝裏的油水刮起來，用一隻罐子裝好，再找東西來燒，就吃煮熱的「油水」填肚子。天下大雪，夜裏冷得出奇，蔣經國找到一個大垃圾桶，在桶子中間挖個洞，蹲縮在桶裏，度過寒夜漫漫。

一九二七年間，他申請加入蘇聯紅軍，被派到駐紮莫斯科的第一師，當過兵，曾進入列寧格勒中央紅軍軍事政治研究院；也當過莫斯科電機工廠學徒工，在烏拉爾金礦場當礦工後，又當過烏拉爾重機械製造廠技師、助理廠長、《為重工業而奮鬥日報》的主編。

三十多年後，當老蔣把國民黨的大權交給他後，他一身素色夾克外套、鴨舌便帽、舊長褲、布鞋的裝扮，與他在莫斯科中山大學信仰的託派思想，和他流放西伯利亞、當工人、當農夫的形象，似有前後輝映、異曲同工之妙。

做為一代偉人，蔣經國的偉大之處體現在以下幾個方面。

清廉。蔣經國的清廉，一是自身，二是家人，三是打擊貪腐，四是整肅政風。一九四四年八月一日他離開縣長任上（這是他的第一個正式職務）時說：「我在縣長任內，未曾為我私人取用分文，動用粒粟，本人因私事而花之電信費用，皆應在本人薪

餉下扣除，不得在公費項下開支」；到臺灣後，他外出視察，餓了直接到小飯館買個盒飯就吃；帶家人看電影，跟一般人一樣排隊買票；一生從未置產，以至於沒有積蓄。

蔣經國不許家人包括夫人與孩子，從事任何經商活動；他的夫人從不幹政，更不幫助任何人說情收取好處，其低調、樸素到令人同情的程度；蔣經國去世後，蔣夫人靠政府補發的二十個月俸額為生，一九九二年俄羅斯一名官員以私人身份抵台訪問，問她要不要回去看看，她答說：「我沒有錢，怎麼回去？」自一九三七年離開俄國後蔣方良再也沒有回到那片生養她的土地。

蔣經國任「行政院長」，第一次主持「行政院會」就通過公務員十項革新，制定《貪污治罪條例》，規範公務員的行為，被視為不近人情；情治首長周中峰、葉翔之等人均為蔣寵信，一次蔣出其不意到周、葉家中做客，發現居家擺設改變，門前車水馬龍，二話不說，旋即將周、葉二人調職，以肅官腐；嚴懲親表弟，時任人事行政局局長的王正誼；不畏立、監委龐大的政治影響力，把十多位監委、立委移送法辦。

由於蔣經國的清廉與嚴懲貪官，他統治時期的臺灣政風全面刷新，他全面執掌政權後的整個執政團隊，「部長」以上官員沒人貪腐，堪比中國歷史上任何一個時期。清廉使蔣經國獲得了巨大的道德威望，也在統治集團內部具有了絕對的道義權威與一言九鼎的獨尊地位，當黨內部分大老害怕民主引發混亂時，他一錘定音解除「戒嚴」施行民主，因為他及他的家人不怕民主被人民清算，也不怕國民黨在民主後被人民清算。

為政。蔣經國為政是全心為民嘔心瀝血，為政方式是深入

民眾從無官僚。在江西贛南，他推行新政，一身布衣下鄉，打擊煙、賭、娼成效顯著；在上海整頓金融敢於碰硬（抓了孔祥熙的兒子，被老子干預放了，無奈發表申明向百姓謝罪），最終與孔宋權貴結怨；到臺灣當政後一直重視物價，每天必看柴米油鹽糖及麵粉物價；李國鼎（財政部長）以一句「政府施政應圖利人民」打動蔣經國，一生不喜歡李但仍充分授權，使李為臺灣經濟作出傑出貢獻；有一年石油價格上漲，行政院長俞國華將石油價格上調兩元，蔣經國看電視報導後立即約見俞國華，指示俞僅能微調一元。雙方為此事發生爭執，俞以政府保本為由，力主不能調回。蔣說：「一個失去民心的政府還保什麼本！如果你不執行這項政策，回去好了！因為這不是錢的問題，而是人民對政府的信任」。

親民。在贛南，蔣經國經常短衣草履，上山下鄉，走村串戶，與百姓民眾任意交談；當時有人統計，蔣經國上任專員的第一年，在贛南十一個縣轉了三圈，甚至能夠說出轄區內有多少橋樑和水利工程名稱；在贛南期間，平均每年下鄉兩百次；一九五〇年代初，在臺灣帶領退伍士兵築路，渴了嘴對著水龍頭喝生水，餓了隨手抓個饅頭就吃，在架在絕壁的竹梯上爬上爬下；一九七八年到一九八一年，蔣經國下鄉一百九十七次，與民同樂一百五十五天；為考察一條建設中的公路進山二十一次；一九八〇年永安礦難挨家挨戶慰問；到煤礦參觀，接受礦上保衛人員搜身；晚年因經常下鄉探訪民情，回臺北後告訴侍從人員「腿疾日趨嚴重，腳像針刺一樣」，侍從人員婉勸他減少下鄉行程，蔣說：「算了，待在辦公室還是一樣痛，以後不

要再講了！」

　　蔣經國可以與任何人握手，永遠滿面笑容，永遠與民同樂，永遠低調、樸素，永遠吃穿隨意。國民黨能夠在民主化之後沒有被人民拋棄，就在於國民黨享有了蔣經國為民、親民累積的政治遺產，胸懷。一九七〇年四月二十四日，蔣經國訪問美國，遭康奈爾大學社會學博士生黃文雄刺殺未遂，事後蔣經國不僅未見任何惱怒，反而要求與刺客見面，並建議美國放了刺客；美麗島事件爆發後，警方秉持蔣經國的旨意高度克制，以至於衝突中警方一百八十三人受傷，其中傷勢較重者達四十七人，群眾僅有四十多人受傷，對峙中還是警方先退場。事後，形成了國人皆曰可殺的輿論，蔣經國親自主導處理，無一人判死刑，僅施明德一人被判無期，其他均判十四年以下有期徒刑；一九八六年九月二十八日民進黨成立時，情治部門呈上名單抓人，蔣經國未批且平靜地說：「使用權力容易，難就難在曉得什麼時候不去用它。」

　　民主就是妥協，妥協需要胸懷，尤其需要手握大權的專制統治者具有妥協甚至容忍不同政見、政敵的廣闊胸懷，蔣經國顯示了這樣的胸懷。蔣經國的胸懷除了體現在與自己部屬存在政見分歧時能夠容忍與接納外，還體現在反對派的應對上。正是這胸懷給臺灣民主力量的穩步成長提供了寬鬆的政治氛圍，也使「戒嚴」解除時沒有出現政治能量的突然釋放導致的社會失控，民主變革的平靜、理性世所罕見。

　　政績。蔣經國實際主持臺灣工作近二十年，在這二十年裏，臺灣的經濟以難以想像的水平發展：國民生產總值年平均增長率，一九五二到一九五九年為6.9%，一九六〇到一九六九年達

到10%，一九七一到一九八〇年達到9.4%，一九八一到一九九〇年達到8.1%，從一九五一到一九八九年三十八年間國民生產總值增加了55倍；人平均所得，一九五一年到一九七〇年的前二十年已從136美元上升到364美元，但從一九七〇年到蔣經國離世的一九八九年已達7518美元，失業率長期在2%左右；更為令人稱道的是，在經濟如此快速發展過程中，臺灣的貧富差距沒有迅速擴大，蔣經國主政年代，臺灣社會始終未出現貧富分化的情形。在幾乎整個一九七〇年代和一九八〇年代的大部分時期，臺灣的基尼係數一直低於0.3，為世界人均收入分配差距最小的社會之一，更是經濟迅速發展階段貧富差距擴大控制在最小範疇的地區。

傳記作者漆高儒對蔣經國有一個很好的評價：蔣經國是一個勤勞的人，是一個親兵親民的人，他和百姓群眾很接近，他是一個認識時代的人。蔣經國惟其是一個勤勞簡樸的人，才可以締造臺灣經濟奇跡的成果；惟其是一個親兵親民的人，才有台人對他的感念與肯定；惟其和百姓群眾很接近，所以他的施政作為才能貼近民意；也惟其是一個認識時代的人，他解除黨禁、報禁，繼之又解除「戒嚴」，開放臺灣民眾赴大陸探親，實現了民主在臺灣的和平著陸。

大陸學者朱新梅先生同樣認為：

蔣經國最終坐上臺灣總統的寶座，固然與他的父親蔣介石有著密切的關係，但實在也配做臺灣最高領導人。作為他父親的繼承人，蔣經國沒有把「江山」丟掉，反而推動了臺灣社會從一黨專制與個人獨裁向現代民主制度的華麗轉身，不僅給臺灣帶來了長久的穩定與和平，自由與發展，而且以經濟、文化、政治、社

會協調發展向大陸全面展示了臺灣民主制度的優越性，為國民黨與共產黨之間的競爭提供了新的思路，不僅確保兩岸之間的長期和平與穩定，還與大陸展開了長期的制度競爭，為中華民族的崛起奠定了良好的制度基礎，也為大陸實行民主制度提供了最好的樣板。

蔣經國之所以能在其有生之年開創臺灣的民主，是其對世界發展潮流的總體把握的必然結果。國民黨在大陸統治期間，雖然也是長期一黨專政，但是在建設現代憲政法治國家的道路上，進行了有益的探索，在戰爭年代，仍有限度地保障了學術自由、言論自由、宗教自由、結社自由，初步建立了三權分立、法治國家等現代制度。雖然總體來說，這些民主自由的實踐效果大打折扣，但是民主、法治、自由等現代社會核心價值是當時中國社會的共識，國民黨並沒有拋棄這一核心價值信念。

蔣經國與國民黨有一千個理由一萬個理由在臺灣實行一黨專政，也有一千一萬個理由把統治權傳承給自己的家族，比如維護臺灣的安全與穩定（因為與大陸的對抗，比如特殊的國情等），但他沒有這樣做，相反，他選擇開放黨禁報禁，選擇言論自由教育自由思想自由結社自由，使人民在開放自由的環境中自主成長，而不是強要代替人民選擇，替人民當家做主。蔣經國之所以主動結束了一黨專政，使臺灣轉向現代民主與法治國家，是因為他深刻地認識到並堅信，公共權力是人民賦予的，不是一家一姓一黨的私利，任何現代政府的公共權力都應還給人民。蔣經國有這樣的認識並能最終還權於民，並不是那麼容易的，尤其是考慮到國民黨在領導全國人民取得抗日戰爭的偉大勝利後不久就痛失

大陸執政權，更難能可貴。

開放黨禁後，雖然國民黨曾經在政黨競選中失去了一次執政的機會，但通過公正公開公平的選舉，國民黨現在取得了再次執政的權力。誠然，國民黨可能會再次失去執政的權力，但是臺灣已經實現了權力的和平交接，臺灣的政黨正走向成熟，人民已經將政黨關進了籠子，它不可以肆意打著各種為民服務的旗幟踐踏人民了。在這種情況下，臺灣社會不僅能保持穩定和平，更能實現經濟的騰飛、文化與科技的創新，在國際上獲得令人尊重的地位，並為中國人贏得尊嚴。

要在一個缺乏民主傳統與訓練、沒有單一宗教信仰、剛剛經歷過戰爭慘敗的民眾中間實現民主，並不是像喊口號那樣簡單的事情。蔣經國能在最後自己當政的十年內使臺灣轉型為民主社會，與其到臺灣後一系列的改革和逐步的制度建設密切相關。首先，蔣經國意識到，必須改造國民黨，使其成為廉潔的政黨，獲取人民的支持，為此，蔣經國早在一九七三年就在臺灣實行了財政公開，這是中國有史以來的第一次。其次，蔣經國逐步開放「立法院」議員席位，吸納本土精英參與公共政治，尤其是採用競選方式，培訓臺灣人民的民主素養。第三，蔣經國在內外環境下，著手建立「全民共識政府」，這意味著對公民社會的開放，讓人民成為國家的主人，並因此而培養對國家的責任感。當然，最後，蔣經國次第開放了黨禁報禁，還人民以自由，並最終實現了臺灣社會的民主轉型。

蔣經國站在世界歷史潮頭，主動擁抱現代世界政治文明，將一個傳統文明帶入現代文明。他不僅具有開闊的視野，偉大的胸

襟，更具有超越的眼光，對中國人民負責的使命感與承擔歷史責任的勇氣與能力。正因為如此，雖然偏安於臺灣一隅，蔣經國卻以四兩撥千斤的力量，在與大陸和中共的長期競爭中，獲得了優勢，這就是在國際上樹立臺灣民主自由的形象，並凝聚了臺灣人民的意志，為臺灣的穩定持續發展奠定了牢固的民意基礎。在大陸人民心目中，臺灣的國民黨已經煥然一新，不再是蔣介石時代的貪腐無能反動政黨，而是馬英九一代的清廉魅力型政黨。

六十年來，歷史的硝煙散盡，戰爭的風雲飄逝，兩岸都經歷了天翻地覆的巨變。如今，兩岸人民在文化、經濟等領域進行了廣泛深入的交流與往來。隨著交通與媒介的高度發展，大陸人民開始瞭解並熟悉蔣經國。人民逐漸瞭解，從歷史的長河來看，蔣經國對中華民族的貢獻將要大於孫中山的貢獻，雖然孫中山領導的辛亥革命推翻了統治中國兩千多年的封建主義，並率先提出了三民主義，但真正讓中國人民從被奴役的傳統文化中解放出來，獲得全面的自由，真正成為國家的主人的，是蔣經國。蔣經國留下的政治遺產，是中國人最寶貴的政治財富。

後記

　　正當《寶島春夢‧走近蔣經國》書稿即將擱筆之時，想起以下諸位對本書的大力支持與熱忱幫助。他（她）們分別為資深學者桑士俊、復旦大學教授葛乃福、上海社科院研究員潘頌德、作家王成榮、文友朱德敏、夏克危、吳鎖根、劉希平、魏勝、許兵及本書責任編輯林千惠小姐，謹此一併致謝！

陳守雲　謹識

2012年3月6日

於滬上時習齋

參考文獻

1、《我在蘇聯的生活》　蔣經國著

2、《蔣經國傳》　江南著

3、《蔣介石家世》　齊鵬飛著

4、《蔣經國論》　曹聚仁著

5、《性情中人蔣經國》　薛訕等著

6、《蔣經國晚年》　李松林著

7、《12春秋愛和恨》　李玉貞著

8、《我們臺灣這些年》　廖信忠著

9、《懸崖邊的貴族》　周為筠著

10、相關解密資料

讀歷史 9　PC0242

走進蔣經國

編　　著／陳守雲
責任編輯／林千惠
圖文排版／蘇榆茵
封面設計／王嵩賀

發 行 人／宋政坤
法律顧問／毛國樑　律師
印製出版／秀威資訊科技股份有限公司
　　　　　114台北市內湖區瑞光路76巷65號1樓
　　　　　電話：+886-2-2796-3638　傳真：+886-2-2796-1377
　　　　　http://www.showwe.com.tw
劃撥帳號／19563868　戶名：秀威資訊科技股份有限公司
　　　　　讀者服務信箱：service@showwe.com.tw
展售門市／國家書店（松江門市）
　　　　　104台北市中山區松江路209號1樓
　　　　　電話：+886-2-2518-0207　傳真：+886-2-2518-0778
網路訂購／秀威網路書店：http://www.bodbooks.com.tw
　　　　　國家網路書店：http://www.govbooks.com.tw
圖書經銷／紅螞蟻圖書有限公司
　　　　　114台北市內湖區舊宗路二段121巷28、32號4樓
　　　　　電話：+886-2-2795-3656　傳真：+886-2-2795-4100

2012年8月BOD一版
定價：310元
版權所有　翻印必究
本書如有缺頁、破損或裝訂錯誤，請寄回更換

國家圖書館出版品預行編目

走進蔣經國 / 陳守雲著.-- 一版. -- 臺北市：秀威資訊科
    技, 2012.08
    面； 公分. -- (讀歷史 ; 9)
    BOD版
    ISBN 978-986-221-976-8(平裝)

    1. 蔣經國 2. 台灣傳記

005.33   101011723

讀者回函卡

感謝您購買本書,為提升服務品質,請填妥以下資料,將讀者回函卡直接寄回或傳真本公司,收到您的寶貴意見後,我們會收藏記錄及檢討,謝謝!
如您需要了解本公司最新出版書目、購書優惠或企劃活動,歡迎您上網查詢或下載相關資料:http:// www.showwe.com.tw

您購買的書名:＿＿＿＿＿＿＿＿＿＿＿＿＿＿＿＿＿＿＿＿＿＿＿
出生日期:＿＿＿＿＿年＿＿＿＿＿月＿＿＿＿＿日
學歷:□高中 (含) 以下　　□大專　　□研究所 (含) 以上
職業:□製造業　□金融業　□資訊業　□軍警　□傳播業　□自由業
　　　□服務業　□公務員　□教職　□學生　□家管　□其它＿＿＿
購書地點:□網路書店　□實體書店　□書展　□郵購　□贈閱　□其他
您從何得知本書的消息?
　　□網路書店　□實體書店　□網路搜尋　□電子報　□書訊　□雜誌
　　□傳播媒體　□親友推薦　□網站推薦　□部落格　□其他＿＿＿＿＿
您對本書的評價:(請填代號　1.非常滿意　2.滿意　3.尚可　4.再改進)
　　封面設計＿＿　版面編排＿＿　內容＿＿　文／譯筆＿＿　價格＿＿
讀完書後您覺得:
　　□很有收穫　□有收穫　□收穫不多　□沒收穫

對我們的建議:＿＿＿＿＿＿＿＿＿＿＿＿＿＿＿＿＿＿＿＿＿＿＿

＿＿＿＿＿＿＿＿＿＿＿＿＿＿＿＿＿＿＿＿＿＿＿＿＿＿＿＿＿＿＿

＿＿＿＿＿＿＿＿＿＿＿＿＿＿＿＿＿＿＿＿＿＿＿＿＿＿＿＿＿＿＿

＿＿＿＿＿＿＿＿＿＿＿＿＿＿＿＿＿＿＿＿＿＿＿＿＿＿＿＿＿＿＿

11466
台北市內湖區瑞光路 76 巷 65 號 1 樓

秀威資訊科技股份有限公司　　　收

BOD 數位出版事業部

．．

（請沿線對折寄回，謝謝！）

姓　　名：＿＿＿＿＿＿＿＿　　年齡：＿＿＿＿　　性別：□女　□男

郵遞區號：□□□□□

地　　址：＿＿＿＿＿＿＿＿＿＿＿＿＿＿＿＿＿＿＿＿

聯絡電話：(日) ＿＿＿＿＿＿＿＿＿　　(夜) ＿＿＿＿＿＿＿＿＿

E-mail：＿＿＿＿＿＿＿＿＿＿＿＿＿＿＿＿＿＿＿＿